U0314137

如何回应孩子的需求

王普华　商倩倩　著

化学工业出版社

·北京·

图书在版编目（CIP）数据

如何回应孩子的需求 / 王普华，商倩倩著 . —北京：
化学工业出版社，2023.3

ISBN 978-7-122-42909-4

Ⅰ.①如⋯ Ⅱ.①王⋯②商⋯ Ⅲ.①儿童教育－家
庭教育 Ⅳ.① G782

中国国家版本馆 CIP 数据核字（2023）第 017387 号

责任编辑：王　越　赵玉欣　　　　　装帧设计：尹琳琳
责任校对：宋　夏

出版发行：化学工业出版社（北京市东城区青年湖南街 13 号　邮政编码 100011）
印　　装：大厂聚鑫印刷有限责任公司
710mm×1000mm　1/16　印张 14$\frac{1}{4}$　字数 172 千字
2023 年 4 月北京第 1 版第 1 次印刷

购书咨询：010-64518888
售后服务：010-64518899
网　　址：http://www.cip.com.cn

都说养孩子累。除了"身累"，也有"心累"。对于许多人来说，带养孩子会触发各种负面情绪，所以宁愿在单位加班也不愿回家面对孩子。

最常出现的是孩子的各种负面情绪引起父母生气：

● 动不动就哭，不满足要求会哭、小朋友不分享玩具会哭、遇到一点小困难也会哭，怎么一点都不坚强呀；

● 各种坏习惯、毛病，说了不听也不改，看着就来气；

● 不好好学习，作业做得一塌糊涂，一看就气不打一处来；

● 老在外面惹事，说脏话、打架，有时候乱跑找不到人；

● 玩具买了一个又一个，还要不停地"买买买"；

● 得不到想要的东西就使出各种缠人、磨人手段，腻到让人心烦；

- 没事就抱着手机看个没完，怎么说都不听，小小年纪就近视了；

- 上了一天班累得都不想说话，回家还被要求各种陪玩；

……

还有时不时会冒出来的各种纠结：

- 不管不行，管得太多也不行；

- 太惯着不行，管太严了也不行；

- 不尊重孩子不行，事事都尊重孩子也不行；

……

再加上对孩子磕着、碰着、被伤害的各种担心，以及对孩子学习、未来的各种焦虑，这些情绪混杂在一起，会在无形中消耗父母很多精力，也让带养孩子成为一件特别辛苦的事情。

就像房间需要经常打扫一样，人的情绪也需要经常清理。父母需要"看见"自己的情绪，给累积的负面情绪一个宣泄的出口；同时也需要看清自己负面情绪的来源，尽量从源头减少这些负面情绪。

我在多年的家庭教育研究和养育孩子的实践中发现，这些负面情绪背后有一个更为基本的情绪，叫作"失控感"。要想减少养育孩子过程中的负面情绪，一个非常有效的方法就是把需要做出回应的各种情况分类，列出对应的流程、步骤和回应要点——做好各种应急预案，遇到情况只需要判断一下这属于哪一类情况，然后很自然地启动相应的回应流程，不慌不乱、不急不躁，那种感觉就像是孙悟空再厉害也逃不出如来佛的手掌心，之后你就会收获一种"不管发生什么，一切我都能搞定"的掌控感。

有了这个感觉托底，就可以过滤掉一大部分负面情绪。纠结少了，因为你很清楚地知道自己应该怎样做；生气也少了，因为更加懂孩子，孩子也十分愿意配合我们；亲子间的冲突少了，父母就可以更多地享受亲子间的亲密感所带来的滋养；焦虑、担心也少了，因为把各种问题都提前想得比较清楚，养育孩子更有底气了。其他诸如由不知所措造成的慌乱感和失控感、因为急中生乱打骂了孩子事后又后悔等情况基本不会存在。陪伴孩子成长的过程完全变成了一场轻松愉悦的旅程。

要想实现这种转变，需要来一次大清理。阅读本书并且参照执行，就是改变的契机。本书将回应划分为精神和行为两个层面。在回应孩子时，要先做好精神层面的回应，用理解与接纳打开孩子的心门，之后再根据不同的行为类型进行行为层面的回应。孩子的行为虽然千奇百怪，但无非是已经发生和正在发生两大类，每类也都可以根据"家长教育观念是否允许"和"现实条件是否具备（或损失是否可忍受）"两个维度确定回应类型。"家长教育观念允许"指家长认为孩子的行为符合社会规则和道德要求，有利于身心健康发展；而"现实条件具备（或损失可忍受）"指现实条件能满足孩子的要求，或孩子的行为造成的损坏或浪费在家长可以忍受的范围内。根据这两个维度，我们将父母对孩子行为的回应纳入象限，正在发生的行为被分为赞许型、替代型、制止型、限制型，已经发生的行为被分为赞赏型、谅解型、警告型。这就仿佛是把家庭空间进行功能分区，物品分类整理归位，一切就清清爽爽了。畅销书《怦然心动的人生整理魔法》曾掀起一场收纳整理革命；而对于如何更好地养育孩子，也应该来一场类似的"整理革命"，让养育孩子突破劳累的樊笼，回归轻松、愉悦与幸福。

如此一来，回应的流程就变得十分清晰：发现"回应点"—行为解码—理解感受和需求—接纳—归类—回应。六步回应法能确保家长做出的回应是经过深思熟虑、经得起检验的，避免因一时的情绪化错失合理回应孩子需求和行为的机会。

当然，只有回应是不完整的。亲子间的互动分为回应与要求。回应聚焦于孩子有需求的场景，而当父母的需求未得到满足时，就要启动"要求"程序，这在本书姊妹篇《如何给孩子提要求》中有详细讲解，它能帮你达成自己的心愿、实现自己心中的养育目标。回应和要求如若都做得好，相信你就能够在享受甜蜜亲子关系的同时，养育出具有完整人格的优秀孩子。

商倩倩作为我的学生、同事兼家庭教育探索之路上的同路人，在带养两个孩子的过程中一直践行科学养育的各种理论，她为本书贡献了大量作为普通妈妈的一手带娃案例。同时，感谢以各种途径不断向我咨询家庭教养问题的父母们，她们的困扰和故事反映了广大家长可能遇到的困惑，也激励我踏上了不断探索的征途。希望这些案例故事能够成为理论的生动注脚，触动你的心弦，引发你的共鸣。

感谢亲爱的读者们，是你们的肯定让我们有了做得更好的动力，也是你们的意见和建议促动我们不断优化阅读体验。人人心里有"裂缝"，但那正是光照进来的地方。愿这本书像一点微光，为你的养育之旅增添一分光明！

由于写作时间紧迫、水平有限，书中难免疏漏。敬请读者勘误、指正！

目　录

第 4 章

分析孩子的行为类型

第 5 章

回应正在发生的行为

第6章

回应已经发生的行为

第 1 章

我的回应恰当吗？

练习回应孩子就像学习游泳，需要经历一个从不熟悉到熟悉，再到熟练地不经过大脑思考就能做得好的过程。

　　　　　　—— 一位9岁女孩的妈妈

何时回应，何时要求

亲子间的互动可拆分为回应与要求。谁有需要没得到满足，谁就有"问题"，就会提出要求，来满足自己的需要（见表1-1）。

表1-1　互动形式分类

问题描述	行为发起者	父母的互动形式	举例
孩子有需求	孩子	回应	孩子觉得作业太难了；孩子对老师感到生气；孩子找不到好朋友；孩子想要许多玩具；孩子想要各种零食
父母有需求	父母	要求	父母想要孩子好好学习；父母希望孩子把房间打扫干净；父母希望孩子每天坚持刷牙；父母希望孩子保持安静

养育孩子的过程中，父母不可避免地会被孩子搅扰、激怒和挫败。有时孩子表现得缺乏约束，充满破坏性，吵嚷喧闹，在你赶时间的时候拖你的后腿，在你很累的时候纠缠不休，在你想要安静的时候和你说个没完，把家里弄得乱七八糟，不认真学习……当孩子侵犯了父母的权利，或者孩子的行为阻碍了父母的需求得到满足时，父母就有了"问题"，需要启动"要求"程

序。关于这一点，我们在姊妹篇《如何给孩子提要求》中有详细讲解。也就是说，如果你想要孩子好好学习、乖乖打扫房间、每天坚持刷牙、安静一点不要打扰到你……希望孩子满足你的心愿、实现你的养育目标，可以看《如何给孩子提要求》这本书。

另一种情况是，孩子觉得作业太难了、对老师感到生气、找不到好朋友、想要许多玩具、想吃零食……总之，孩子的需要没有得到满足，孩子不高兴，感到挫折、沮丧或者遇到了麻烦——在这种情况下，孩子有"问题"，父母需要做的是"回应"。然而，当孩子无休止地要买玩具、看手机、吃垃圾食品，或者执拗地要求去做一件你不想让他做的事情时，你可能分不清楚到底应该怎样回应——直接拒绝好像不尊重孩子；允许了，自己心里又不得劲。如果你经常陷入类似的犹豫和纠结，那你需要读的是手上这本书，学习用恰当的方式去回应孩子的各种需求。

回应需求六步走

我们先从理论概括的角度，梳理出回应的总流程，并且尝试绘制出清晰的回应流程图。这个流程就像一个筛子，将孩子的行为放到其中筛一遍，那些不太恰当的回应就会被筛除掉，剩下的是更为恰当的回应。

行动流程图

面对孩子的行为，我们要先进行精神层面的回应，再进行行为层面的回应。

精神层面的回应包括对孩子的行为进行解码，分析并理解孩子行为背后的动机和内在需求，实现观念接纳；然后通过技术接纳，让孩子感受到你的接纳态度，准备好去满足孩子的内在需求。

行为层面的回应包括对孩子的行为类型进行判断［正在发生或将要发生的行为可分为四类（赞许型、替代型、限制型和制止型），已经发生的行为可分为三类（赞赏型、谅解型和警告型）］，然后根据孩子的行为类型做出相应的行为层面的回应。

流程图如下（图1-1）：

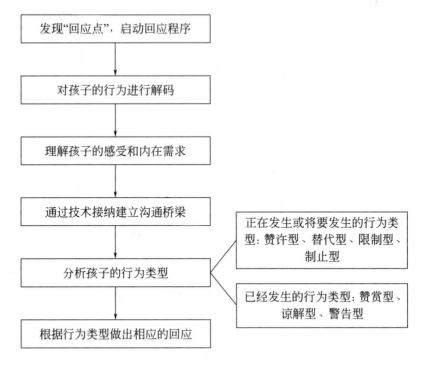

图1-1 回应的流程

上图中的文字内容：

发现"回应点"，启动回应程序

对孩子的行为进行解码

理解孩子的感受和内在需求

通过技术接纳建立沟通桥梁

分析孩子的行为类型

正在发生或将要发生的行为类型：赞许型、替代型、限制型、制止型

已经发生的行为类型：赞赏型、谅解型、警告型

根据行为类型做出相应的回应

步骤拆解

根据上面的回应流程图，我们将回应的过程拆解为六步。

第一步：发现"回应点"，启动回应程序

之前我们提到过，亲子间的互动可拆分为回应与要求——谁有需要没得到满足，谁就有"问题"，就会提出要求，来满足自己的需要。如果孩子的需要没有得到满足，孩子有"问题"，这时，"回应点"出现，父母需要启动回应程序，给予孩子回应。来看下面这些常见的"回应点"：

- 孩子大叫着说："爸爸妈妈，你看！"——通常是孩子做出了赞赏型行为，期待你的肯定；或者是遇到了解决不了的麻烦，等待你帮忙。

- "爸爸妈妈，我想要……"——通常是孩子向父母提要求，满足还是不满足？需要父母根据孩子的具体要求和自己的教育观念快速做出判断，或赞许，或替代，或有所限制，或制止。

- 有时候，"回应点"不是孩子的语言，而是一些行为。比如打人、想玩手机，或沉迷于手机视频、游戏，在公共场合大吵大闹，玩得开心却浑然不顾别人正在休息……

- 还有一些时候，孩子陷入了情绪的旋涡，如生气、沮丧、伤心、快乐、恐惧、不知所措……

一旦发现这些情况，父母就需要意识到，"回应点"来了！这时，父母一定要告诉自己：不要着急马上回应，除非情况特别紧急！因为你的第一反应通常是情绪化的，有太多不理性的成分。先在头脑当中启动回应流程，按照流程梳理一遍，你的回应就会理性、有效、恰当得多。

> 孩子一直想要超市里那款玩具枪，需要200多块钱。我一开始嫌贵没给买，后来到了孩子生日，我将它买了作为生日礼物送给他。孩子很开心，赶紧拿着去楼下找小伙伴炫耀，结果没一会儿就上来了，原来，他拿着枪和小伙伴打闹着玩，不小心把枪头弄断了。

你的第一反应是什么？我的第一反应可能会是气不打一处来，"你这个败家玩意儿，刚给你买了这么贵的玩具，你就把它弄坏了！这么不知道珍惜，下次我再也不给你买玩具了！"因为这个玩具对我来说有点贵，我是狠了狠心才买的，结果玩了一小会儿就坏了，我感觉很心疼，这种心疼就会影响我的理性判断，如果仅凭本能去回应孩子，大概率是不恰当的。所以，这时我会劝自己深呼吸几次，给自己一定的时间和心理空间，去在头脑中走一遍回应流程。

第二步：对孩子的行为进行解码

孩子的行为包含很多方面，最常见的是语言、眼神、表情、动作等。父母需要从孩子说了什么、做了什么和表情中读懂孩子。有时候，孩子会言行不一，比如明明知道自己错了，但是碍于面子又嘴硬，不肯承认自己的错误，还要放狠话。这时，父母就不能仅仅听孩子说了什么，而是要综合分析孩子的行为，了解孩子当下的状态。

继续分析上面的玩具枪事件：

孩子拿着玩具枪上来了，表情木讷，垂头丧气，眼神还有点躲闪，不敢直视我的眼睛。看得出来，他自己也十分伤心、沮丧，因为他把自己心心念念、刚刚得到的玩具枪弄坏了，并且似乎还有一点恐惧和战战兢兢，可能害怕我为这事批评他。

第三步：理解孩子的感受和内在需求

我们要接纳孩子的感受和基本心理需求。情绪、情感有正向、负向，但是没有好坏，它们都有其作用，都是需要被接纳的。孩子的基本心理需求有五种：安全感、新奇感、意志感、社会价值感和自我价值感，这五大需求也催生并驱动着孩子做出各种各样的行为。父母要学会通过具体行为分析孩子到底是想满足哪种心理需求。

孩子拿着新买的玩具枪下去找小伙伴玩，是为了满足内心的新奇感，可能还有某种社会价值感，通过一把新玩具枪吸引小伙伴的注意力，从而获得更多的同伴交往机会。他们在玩闹的过程中，把玩具枪弄坏了，他也不是故意的。现在最心爱的玩具坏了，最伤心的是他自己才对。

第四步：通过技术接纳建立沟通桥梁

当父母能够做到心中有孩子、接纳孩子后，接下来，就需要把这种感觉传递给孩子。可以通过语言表达，也可以通过肢体动作，总之，以让孩子感受到接纳为准。这种表达是为接下来的沟通建立桥梁，只有这一步做到位，道理才能顺利进入孩子心里。描述性语言、拥抱、倾听是技术接纳的几个核心，我们会在后文详细阐述。

于是，我将自己对玩具枪的心疼暂时收起来，对拿着断枪、垂头丧气的儿子说："刚得到的枪就坏了，这可是你最想要的玩具，你一定很伤心！"如果我指责他，"刚买的玩具怎么就弄坏了？！"他一定会找各种理由、借口搪塞，怨别人给他弄坏了之类，但是看我没有任何指责的意思，儿子的眼泪接着就流了下来："嗯！唉！都怪我没保护好它！"看到儿子自责，我又安慰他道："是啊，没保护好心爱的玩具你很自责，但我知道，你也不是故意的。"孩子感觉到自己被深深地接纳了，情绪也缓解了很多。

第五步：分析孩子的行为类型

本书介绍的分类方法可用一个象限图来表示，其中横轴是现实条件是否具备或损失是否可忍受，纵轴是家长的教育观念是否允许。这种分类标准是比较主观的，由家长根据自己的情况自主决定。标准不一样，接下来对孩子的回应也就不一样。

从父母允许的意愿度来看，可以将孩子的行为分成三层：第一层是绝对允许的，包括赞许型和赞赏型；第二层是部分允许的，包括限制型、替代型和谅解型；第三层是绝对不允许的，包括制止型和警告型。

总体来看，第一层和第三层的行为相对较少，大部分行为都处于中间层：在精神层面上允许，但是行为层面上要有所限制。因此，在分类的时候，父母要保持觉察：如果能将行为归入限制型、替代型或谅解型中，就不要归入制止型或警告型中；同时，对赞许型和赞赏型也要有所觉察，看看是不是需要对孩子的某些行为进行些许限制。

孩子把心爱的玩具弄坏了，他肯定是不小心的，虽然不符合教育观念，但是损失还可以忍受，并且行为已发生，所以属于谅解型行为。

第六步：根据行为类型做出相应的回应

不同的行为类型回应要点不同，总结如下（图1-2）：

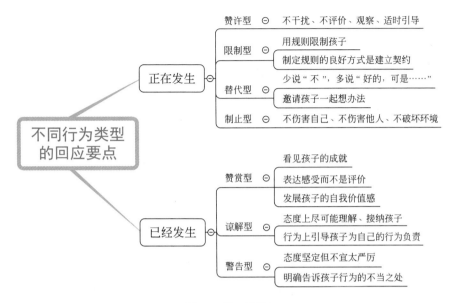

图1-2　回应的要点

　　根据谅解型行为的回应要点，我已经通过前面的精神回应，表达了自己的理解、宽容，接下来就需要引导孩子为自己的行为负责。

　　"玩具已经坏了，我们一起来看看还能不能修复吧！"经我这么一提醒，孩子立马想到了，爸爸有一种万能胶水，什么都能粘，于是找出来请爸爸帮忙粘一下。结果，玩具枪又恢复原样了。儿子开心得不得了，这次不舍得拿着它出去了，自己在家玩起了打靶游戏。

"六步回应法" 真的符合实际吗

按照整套回应流程走下来，我想大部分家长的感觉会是：好麻烦！这根本不符合家长养育孩子的实际嘛！哪个家长在养育孩子时是这样千思万想、百转千回的？不都是想到啥说啥，想怎么干就怎么干！

确实如此，一对夫妻，生养一个孩子之后，自然地就成了父母，没有经过培训，没有上岗资格证，许多家长养育孩子靠的就是本能。

然而，靠本能养育孩子虽然简单，但效率很低。孩子小的时候可能还行，毕竟他们力量弱，没有反抗的能力；随着孩子渐渐长大，他们就会开始尝试反抗父母这种简单粗暴的教育方式。

在前面"玩具枪"的案例中，我没有追随自己的本能反应，对孩子进行批评教育让他懂得要珍惜爱护自己的物品，而是通过共情孩子的伤心，引发了孩子为自己负责、自主爱惜物品的动力，没有情绪发泄，没有鸡飞狗跳，没有对抗辩解，一切都是自然而然。好的回应有四两拨千斤的效果。在简简单单几句话中，孩子的情绪被看到、被理解，父母看到孩子其实也懂得珍惜物品，从而感觉十分欣慰。如果父母上来就凭着自己的本能对孩子一顿批评，孩子也会感觉一肚子委屈，各种不服，父母看见孩子倔强的样子会更加来气：明明自己弄坏了东西还不知道认错！亲子关系就会陷入对抗中，孩子还可能会因为反抗父母而对物品更加不珍惜："不就是一把破玩具枪嘛，坏了就坏了，有什么大不了的！我才不稀罕！"两败俱伤。这也是为什么现在许多父母感慨：家庭教育好难！

> 有一天，我发现九岁的侄子在听樊登讲《非暴力沟通》，我惊讶于他这么小的年纪就看这么深奥的书。他说："你听听这书讲的，实在太棒了，我一定要买来给我爸爸看看，让他学学应该怎么跟我说话！"

许多父母感慨，现在的孩子越来越不好管。我觉得这是时代的进步，孩子们提早觉醒了。在这个信息爆炸的时代，他们可以从各个渠道了解到多种信息，他们不再把父母当成神一样的存在，父母可以"一言堂"的那个时代过去了。如果父母不能放下旧时代的那套教育方式，是无法跟上时代的步伐，管教好新时代的孩子的。

所以，是时候好好学学怎么教育孩子了。

如果怀着这种心情，再来看前面我们总结的这个流程图，你会发现，它非常清晰易懂，一学就会，上手就能用。初接触，你感觉不熟悉是正常的。就像是刚开始学游泳，教练讲得很明白：收、翻、蹬、夹、漂，可是下水之后你一定会经历一个乱扑腾的阶段，才能慢慢学会游泳。养育孩子也是。按照科学的流程育儿，不是我们惯常的行为方式，也不符合我们曾经被养育的经验，所以感觉有点陌生，这是非常正常的，但是，经历过一个从不熟悉到熟悉再到熟练的过程，你会发现，你将受益无穷！你和孩子的关系会像朋友一样亲密无间，孩子有什么知心话都愿意跟你说，遇到什么难题都愿意请你帮忙想办法，孩子也会心甘情愿地听你的话，按照你的要求去做，甚至不会出现叛逆期！

事半功倍的父母成长攻略

从入门到熟练的五个阶段

从开始学习到能够自如地回应孩子，你大概会经历以下五个阶段。

阶段一：本能（不知不觉）

未经学习，依照传统经验或者自己爱孩子的本能去对待孩子，认为只要自己的心是爱孩子的，怎么做都是对的。即便对孩子发脾气也是为了管教孩子。

实际上，这时父母对孩子的管教大部分是由情绪驱动，为了满足父母发泄情绪的需要，而常常没有真正看到孩子的需要。比如在前面的玩具枪事件中，如果父母仅凭本能，上来对孩子劈头盖脸训斥一顿，这只是父母在发泄"心疼"的情绪，并不是对孩子的教育。可以说，这个阶段的父母处于不知不觉的无名状态，对于自己的行为没有什么觉察，也没意识到自己哪里做得不对。

阶段跃升攻略：想要从阶段一跃升到阶段二，父母需要开始关注育儿，了解一些育儿知识，可以通过看书、听课、刷小视频、向别人请教等方式。

只要开始意识到科学养育孩子的重要性，一般来说，就可以算从阶段一毕业了。

阶段二：自责（后知后觉）

经过学习，了解到一些正确教育孩子的理念和方法，但实际教育孩子时仍按照自己以往的旧习惯，事后冷静下来又后悔自责。

许多新时代的父母就处于这个阶段。她们接受了一些新的教育理念，可是在真正养育孩子的过程中，发现经常用不上，还会依从旧习惯去教育孩子，这是因为我们小时候被养育的经验已经刻在了我们的身体里，在遇到类似的情况时，身体的记忆就会被激活，而且这股能量非常强大，常常会超越理性的控制——这也是为什么许多父母会在气头上打骂孩子，事后冷静下来又后悔，心想下次我一定控制好自己的情绪；可是如果再回到类似的场景当中，依旧是老样子。即便知道前面有个坑，还是要眼睁睁地看着自己再次掉进坑里。这个阶段的父母处于后知后觉的状态，总是在发了脾气之后才意识到自己当时不应该发脾气。

阶段跃升攻略：要想从"本能回应—后悔自责"的怪圈中走出来，就需要父母能够觉察自己的行为，尤其是觉察自己的情绪，比如意识到"我生气了""胸口闷闷的""很想通过大吼大叫来发泄情绪"，这时，理智会告诉自己：我对孩子大吼大叫一点教育意义都没有，我可以先去一个单独的房间让自己冷静一下，再来与孩子对话。能做到这一点，就说明你开始进入阶段三了。

阶段三：克制（后知先觉）

经过学习，了解到一些正确教育孩子的理念和方法，有时仍责怪孩子，但能克制自己不对着孩子发脾气。

相较阶段二，父母对自己情绪的觉察力和控制力都有所提升。面对孩子的一些行为依旧会习惯性地怪罪孩子、想发火，但是好在能控制自己的情绪，不随意发泄，但是"知"的层面还有些跟不上，属于后知先觉的状态。

阶段跃升攻略：虽然能做到不对孩子乱发脾气，但是怒火还是有的，说明自己的情绪仍旧会被孩子牵着走。提升的要点就是顺着自己的怒火，去找到自己发脾气背后的原因，然后给自己一个拥抱。例如在玩具枪事件中，父母想对孩子发火，是因为心疼自己的钱，看到那个在困苦的年代成长起来的"节约"的自己，给她一个拥抱，你就会发现，自己可以放下这股怒火，重新看到孩子。

阶段四：觉醒（当知当觉）

经过学习，系统了解了教育孩子的理念和方法，能按照流程回应和要求孩子，透过孩子的表面行为看到其心理需要，不责怪、不抱怨，但因不熟练而需要边思考边教育。

越学习，父母就越会发现，孩子虽然做错了一些事，但是他们没有"罪"，也不必承担父母的情绪。作为父母，做好了自己该做的，孩子自然就会变好。但是，正如前面所讲，刚开始学习一项技能会经历一个不太熟悉的阶段。

阶段跃升攻略：父母要不断地练习如何回应孩子，将孩子的各种行为都按照回应流程走一遍，慢慢地，你就发现自己开始熟能生巧，可以不经过大脑思考自动做出正确的回应了。

阶段五：自如（先知先觉）

经过学习，系统了解了教育孩子的理念和方法，不需要过多思考就能依照流程自如地回应和要求孩子，"随心所欲而不逾矩"。

这种感觉就像学骑自行车。如果需要用意识来控制我们的手和脚，表示还没学好。当熟练到不需要动脑筋，就可以把自行车骑得很稳，表示我们把骑自行车学好了，而且熟练到了潜意识层面，一辈子都不会忘记——哪怕十年没骑，也很容易重新上手，找回感觉。我们学习回应孩子也是一样。一旦真正学会了，面对孩子时，我们就会很自如地懂得如何去回应孩子，不需要过多思考。

这五个阶段是每位学习如何养育孩子的父母基本都会经历的。如果你正处在前面三个阶段，不要着急，跟随阶段跃升攻略，相信你可以很快到达后面的阶段。如果你已经到达了阶段四或阶段五，恭喜你，已经可以好好享受陪伴孩子成长的这段旅程了，相信你的孩子，也一定会成长得令人满意！

快速升级锦囊

在前面，我们分析了每个阶段的跃升攻略，但其实，有几个关键点，父母一旦能够掌握，就能在做父母之路上日渐精进，更快地实现升级。

锦囊一：保持正念

我们通常所说的"觉察自己""看见自己"等术语，归根结底就是正念。我们会在第六章详述并提供练习的工具。父母需要通过正念，了解自己的状态。许多父母看见自己的状态后，就会对自己做出各种评判，觉得自己这里或那里做得不对，对不起孩子，陷入内疚当中。其实，没有必要。正念培育的是"看见"的能力。看见即觉醒，允许自己在当下的状态当中，不着急改变。因为急着改变背后的语言是对自己的不接纳，而不急着改变则是对自己当下状态的接纳。先充分地了解自己、包容自己，看见自己之所以成为现在这个样子是有原因的。在对自己充分接纳的基础上，才能迎来自然而然的、真正的改变。

锦囊二：让回应慢下来，按流程回应

父母在与孩子的互动中需要学会为自己留些时间，不要过快地反应，学会"让子弹飞一会儿"。因为如果不经觉察，我们的第一反应通常是出于本能的反应。而面对孩子的行为，让回应慢下来，闭上眼睛数十个数，在数这十个数的过程中，本能的情绪会消减一些，基本上也可以在头脑中按回应的流程走一遍，之后父母再给出回应，就会恰当得多。

按照流程回应，一开始不熟练是正常的。即便当时没有按照流程回应，也可以在事后冷静下来之后假想一下，"如果按照流程，我应该怎么回应？"多加练习之后，你对这个流程就会熟稔于心，慢慢做到在事情发生的当下，就可以熟练地按流程进行回应了。研究认为，30天可以培养一个新习惯，90天可以巩固习惯。

养育孩子的过程也是重塑自己的过程。如果你准备好了，可以尝试用下面的方法记录回应的过程，陪伴你成长的每一天！

设置每日反思闹钟，如22点。当闹钟响起时，打开笔记本或电子文档，对当天与孩子互动的某个事件做记录，检测自己的回应是属于旧教育习惯，还是新教育习惯，再反思自己回应的恰当性、对孩子产生的影响、孩子有哪些反应和变化，从而找到正确的回应方式，改变旧教育习惯。

锦囊三：薄弱环节，重点突破

在养育孩子的过程中，仔细留意就会发现，我们身上是埋着"地雷"的，如果孩子不小心误入雷区，我们的情绪就会在瞬间爆炸。这些"地雷"其实就是我们自己在成长过程中经历的一些伤痛，曾遇到类似的场景但没有被温柔以待，因而留下了一些难以愈合的伤疤，这些伤疤一旦被碰触到，就会非常疼，曾经埋藏在那里的情绪也会跟着被唤醒，它们力量非常大，难以遏制。

要想能够更好地接纳孩子，父母需要先"扫雷"，因为这些"地雷"是接纳孩子的最大障碍。如果父母自身的"地雷"爆炸了，扬起一片情绪的尘沙，就什么都顾不得了。

有一天，朋友打电话向我哭诉，说她生平第一次打了孩子，自己也非常后悔，可当时就是控制不住情绪。情况是这样的：

早上起来她有事需要早走，于是请孩子姥姥来帮忙照顾上一年级的女儿吃饭、送女儿上学。因为着急走，孩子姥姥到了之后，她就匆忙下了楼。结果下了楼又发现手机忘了拿，只好回来拿手机。结果，她看见女儿对姥姥的态度特别不好。姥姥让她吃饭，她也不好好吃，还朝姥姥耍脾气，似乎还把姥姥端饭的手推了一下，饭撒了。看到这一幕，她的火就"噌"地蹿上头顶，哪能这样对待长辈？她从小到大受到的教育都是要尊重父母、尊重长辈，如果姥姥让你吃饭，你不想吃，可以好好说，这样无礼地对待长辈，是她万万不能接受的。于是，她就拿起剪刀准备要剪女儿最宝贝的长头发以示惩罚，女儿不让剪，她就拽她的胳膊，把胳膊扭青了。女儿拼命反抗，她又照着她的屁股打了几下。最后，女儿坐在地上哇哇大哭，她又气又急，也顾不得哄孩子，就哭着跑出了家门。

路上她给我打电话哭诉。我说："在你所受的教育中，尊重父母、尊重长辈是一条不可碰触的红线。或许你小的时候曾经碰触过，受到过严厉的惩罚。"她顿了顿说："是的，反正我的父母对尊重长辈这一条要求很严。路上遇到认识的长辈必须问好，父母说的不对也得先耐心听完，然后再表达自己的想法，不准顶嘴。记得有一次，我也是因为和父母顶嘴，被狠狠地揍了一顿。"这就是了——在朋友小的时候，幼小的心灵中就被种下了这样一颗种子：晚辈必须尊重长辈，否则就该受到严厉的惩罚。现在女儿碰了红线，她就会特别生气，觉得女儿也该受到严厉的惩罚。

我跟她说："教育孩子尊重长辈是必要的，但是不需要通过这么极端的方式。《弟子规》中讲，父慈子孝，兄友弟恭，好的态度都是双向的，不能单方面要求孩子有好态度，我们对待孩子也要用好态度。"她表示认同，但是感觉自己身上那股力量好像太强大了，有点收不住，就跟魔鬼附体了一样。我理解她这种感觉，因为小时候她曾经被不友好地对待过，情绪没有得到恰当释放，到了自己养育孩子的时候，在遇到类似情境时，就特别容易爆发。这很常见。我建议她拥抱一下当时那个委屈的自己。相信她也不是故意不尊重长辈，而是有时候被情绪影响，所以没管好自己的言行举止。这样做了之后，她对女儿的气也消了大半，有点理解自己的女儿了。理解她有可能是因为妈妈早走了，自己心里不开心，所以不想吃早饭；姥姥又非让她吃，她拒绝，所以就把饭撒了。

事情既然已经发生了，后悔也没用，想想如何补救吧！我建议她，回家拥抱一下孩子，跟孩子道个歉，并且共情一下孩子，跟她说："早上我打你是不对的，我跟你道歉。妈妈一上来看见你那样对待姥姥，我的火就有点收不住，因为我从小受到的教育是要尊重长辈。我知道你早上是因为妈妈早走而有点不开心，所以不想吃饭，妈妈希望你以后遇到类似的情况可以好好说，不要用这样恶劣的态度对待姥姥，尊重长辈这一点还是要遵从的。"她回家照做了，娘俩又和好了。

在正常状态下，我的朋友是能够理解孩子的。但是因为她自己的"情绪地雷"被引爆了，就无法看到孩子，不能很好地回应孩子。这也是好事，让她可以有机会扫除这个"地雷"。或许，以后再遇到孩子不尊重长辈的情况，她可能还会生气，但是至少会更理智一些，提醒自己"伤痛在我，需要安抚的是我"，而不会一味朝着孩子出气。

我自己身上也有个很大的"地雷"，是有关学东西的。让我来教孩子，一遍不会我能接受，两遍也还行，三遍以上我就要起情绪，接着就要"爆炸"，尤其是我认为特别简单的东西，明摆着的事，怎么就是学不会？我会变得非常急躁，语速加快，语气中带着责问，双眉紧锁，表情紧张，而且会越说越着急，急得快要尿尿那种。

最严重的一次是女儿上二年级的时候，学混合运算。其中有道题是这样的：酸奶6块钱一瓶，超市搞活动，买五赠一，买六瓶的实际价格比原价便宜多少钱？女儿看着这道题一脸懵，我开始按照数学老师教的找中间问题的方式启发她——要想求实际比原价便宜多少钱，知道原价是6块钱一瓶，就要求什么？对，实际多少钱一瓶。那实际上多少钱一瓶怎么求呢？……我讲了半天，女儿一知半解，顺着思路倒是也能明白，但是我让她再说一遍，就死活说不明白了。我来了劲，寻思当年你妈我也算学霸，女儿肯定也不会差，我怎么就教不会你了呢？反正是周末，我没什么事，那就条分缕析地给你讲讲清楚吧！我画了图，带着她把每一步分算式都一一列了出来，中间用到了什么公式也清清楚楚地都标注了出来，结果，女儿被我搞得快崩溃了："妈妈我就是不会呀！"我也快崩溃了："我都给你分析到这种程度了，还有哪里是不明白的？"我感觉胸口闷闷的，越讲越气，肺真的要气炸了。结果，娘俩折腾了大半天也没弄明白，后来，我干脆退出来，让她爸来解围。他听完我的分析说了句："你讲得太复杂了，我都没听懂。"然后他用他的方法给孩子讲明白了。

经过这一遭，我自我反思，吸取教训。为什么会这么生气？是因为我感觉在我心里非常清晰明白的事情，孩子就是理解不了，我的"全能感"严重受阻，就气不打一处来。我回想自己的成长经历，倒是也没发现谁曾经这样对待过我，但是我意识到自己身上有这个"地雷"。在遇到类似的情境时，我看到了自己又要起情绪，就赶紧安抚一下自己：别着急，孩子的头脑和我们是不一样的，他们尚在发育中，思考问题的方式和大人有时候不一样。要给孩子时间。如果一种方法讲不通，那就抓紧换方法，不要"撞南墙"。

如果实在讲不通，那就放过自己、放过孩子，出去溜达一圈。再不行，就求助他人，每个人的思路不同，会有不同的效果。问问老师、问问同学，都不失为一次好的社交机会，千万别强求！伤己又伤情！

"地雷"如果没有被扫除，是会一代代传递的。

孩子爸爸在洒水方面有个"地雷"。一旦看见地板上有水，他就会变得特别紧张，因为在他眼里，这就意味着孩子会滑倒、摔伤，甚至还会有摔成脑震荡之类的风险。所以，一旦孩子不小心把水洒了，他内心中的不安全感和紧张感就会被激发，每次必然要对着孩子大吼大叫一通。

我观察孩子奶奶对待孩子也是如此。她也总是担心孩子磕着碰着。据孩子爸爸说，小的时候他妈妈都不怎么让他出去玩，大部分时候都待在家里。孩子叔叔小的时候非常皮，经常去外面和一大帮孩子一起玩，因此经常挨妈妈揍，据说笤帚都揍断了。孩子爸爸因为老实，不怎么出门，就少挨了很多打。所以到现在，孩子爸爸带孩子，也希望孩子能老老实实待在家里，哪怕看手机、看电视，只要不出去、少磕碰就好。

不过幸好，我在这方面没有什么"地雷"，所以孩子洒了水我会引导孩子赶紧擦干净。我对孩子磕碰也没什么障碍。因为我小时候整天在外婆家的栗子山上疯跑，体验过自由玩耍的快乐，所以也会尽量带孩子户外活动，小磕小碰没关系。孩子们在我的带领下都特别喜欢户外运动，但是儿子也有点害怕摔破皮，因为磕伤了回家爸爸会没好气地给他消毒，还得训斥他一番。

我一开始跟他爸爸沟通，无果，因为这种不安全感的力量太强大了，即便他嘴上答应着，一到事情发生时，他又现了原形。后来，我就跟孩子说："爸爸小的时候被管得太严了，奶奶总是担心他磕着碰着，所以，你每次摔倒爸爸也会非常担心，表现出来的就是批评你。但实际上，他这样做是不对的。小磕小碰没关系的，消消毒，很快就好了，不用担心。如果你摔破了，跟我说，我来给你消毒。"有一天，一起玩的小伙伴摔倒了，儿子跟他说："没关系，我一天摔倒八百次，咱们是男子汉，快点爬起来，一会儿就不疼了。"有一天儿子又不小心洒了水，爸爸又开始吼叫，儿子淡定地回了他一句："咋呼什么，一点水而已，擦干就是了。"我在一旁偷着乐，幸好他没有把这个"地雷"传到孩子身上。

为人父母，"扫雷"的功课特别重要。如果我们不扫，就会把它传给孩子，孩子也会深受影响。通过孩子，照见自己，让我们疗愈自己的伤痛，更温柔地对待自己，对待孩子。孩子是来教会我们爱，见证我们成长的！

重点回顾

※ 面对孩子的行为，我们要先进行精神层面的回应，再进行行为层面的回应。

精神层面的回应包括对孩子的行为进行解码，分析并理解孩子行为背后的动机和内在需求，实现观念接纳，然后通过技术接纳让孩子感受到你的接纳态度，从而满足孩子的内在需求。

行为层面的回应包括对孩子的行为类型进行判断，然后根据行为类型做出相应的行为层面的回应。

※ 回应的过程可拆解为六步。

第一步：发现"回应点"，启动回应程序；

第二步：对孩子的行为进行解码；

第三步：理解孩子的感受和内在需求；

第四步：通过技术接纳建立沟通桥梁；

第五步：分析孩子的行为类型；

第六步：根据行为类型做出相应的回应。

※ 如果父母不能放下旧时代的那套教育方式，是无法跟上时代的步伐，管教好新时代的孩子的。

所以，是时候好好学学怎么教育孩子了。按照回应流程进行回应，一开始不熟练是正常的。经历过从不熟悉到熟悉再到熟练的过程，家长和孩子都会受益无穷。

※ 从开始学习到能够自如地回应孩子，父母大概会经历五个阶段。

阶段一：本能（不知不觉）；

阶段二：自责（后知后觉）；

阶段三：克制（后知先觉）；

阶段四：觉醒（当知当觉）；

阶段五：自如（先知先觉）。

※ 掌握以下技能，会让父母在成长之路上日渐精进，更快地实现升级。

快速升级锦囊一：保持正念；

快速升级锦囊二：让回应慢下来，按流程回应；

快速升级锦囊三：薄弱环节，重点突破。

思考与实践

从前文的案例中，挑选三个让你最有感触的，尝试使用回应流程图分析主人公是如何回应的。

第 2 章

孩子到底想要什么？

为什么孩子好哭闹、太任性

我孩子上幼儿园时有个同学叫露露。我对她的印象就是经常见她咧着嘴哇哇地哭。她想做的事情就一定得按照她的心意来，否则就招致一场大哭。记得都上中班了，她还是经常会因为去幼儿园哭闹。有一次已经到幼儿园门口了，她又死活不进园，一转身跑了，送她的奶奶追不上她，她就一口气跑回了家，把奶奶累得够呛。有一次放了学，她想吃玉米味的雪糕，小卖部正巧卖完了，她就哭起来了。奶奶一个劲儿地哄她，跟她商量能否换个口味，她不听，咧开嘴就哭，奶奶没办法，带着她跑了四五个地方终于买到了，她这才止住了哭。还有一次，我们一起去游乐场玩，回来的路上等公交车时，她想要棉花糖，结果正好车来了，奶奶就带着她上车了。结果，她就一直哭、一直哭，哭了半个多小时，哭得公交车上的乘客都受不了了，有个人气得大喊："再哭就把你从车上扔下去！"后来，她奶奶觉得影响到大家非常羞愧，就带着她提前下车了。

露露挺害怕爷爷，因为爷爷脾气急，受不了她这样哭，会揍她，所以她见了爷爷就躲着，不让爷爷送，但是只要跟着爷爷，她就会变得十分乖巧，特别听爷爷的话，但是表情是一脸无奈。

露露的妈妈是小学老师，在周边的乡镇工作。因为早上走得早，所以晚上回来陪露露玩一会儿后，就让露露在奶奶家过夜。露露妈妈也管不了孩子，有时被她折磨得受不了也会气得打她。孩子的爸爸工作比较忙，经常很晚才回家，跟孩子互动得比较少。

露露家就是典型的"非常4+1"，四个人照看一个孩子，却还经常搞得鸡飞狗跳。露露为什么会养成爱哭闹的毛病？其实，就是家长在抚养她长大的过程中使用不恰当的回应方式造成的。露露和主要抚养者奶奶的互动方式是这样的：露露提出一个要求—奶奶拒绝—露露哭闹—奶奶受不了后妥协。最后，露露赢了，达到了自己的目的。露露一看，哭闹管用，下次还会继续哭闹。如果不管用，那就一直哭，哭到人心慌、受不了了满足她才罢休。一次次的胜利让她尝到了甜头，慢慢就固化为一种行为模式。爷爷不吃她那一套，见她张嘴要哭就揍她，所以她在爷爷面前不会这样任性哭闹。也就是说，是家长的妥协强化了露露的哭闹。

另外，露露的家长们都在行为层面回应孩子，要么满足，要么不满足，没有人看到她得不到满足的伤心和失落感，她也不知道如何处理得不到满足的那种不舒服的感觉，她唯一的法宝就是用哭闹来赢取最后的胜利。她知道爷爷不吃她那套，不在爷爷面前哭，但是她的情绪也没有得到纾解，只是暂时"憋住了"，一旦找到合适的渠道，比如面对奶奶时，她就会哭闹得更厉害，找补回来在爷爷那儿的压抑。

露露的妈妈没少因此被幼儿园老师约谈，她也渐渐明白了，是家长的回应方式造成露露爱哭闹的现状。老师告诉露露妈妈，家长之间要联合一致，不可以就不可以，不能让孩子有钻空子的机会；家长也要做到前后一致，不要一开始拒绝，后面禁不住哭闹又妥协。露露的妈妈回家尝试按照老师的方法管教孩子，但是收效不大。露露已经形成了这样的行为模式，家长联合起来拒绝她，她感觉自己孤身一人在对抗这个世界，会更加孤注一掷，哭闹得更严重。老师说得没错，家长要做到联合一致、前后一致，但这样做的同时，家长还要做好的一点是：帮孩子纾解情绪，陪伴孩子面对得不到满足的失落感。

我跟露露的妈妈说："在你拒绝孩子后，要接纳她的情绪，跟她说'是呀，那个东西确实很好，得不到你感觉很伤心、很失望'，并且温柔地抱抱她，陪伴她，耐心地听她哭一会儿。她的情绪被接纳了，也就会学着去接纳现实。"露露妈妈接受了我的说法，她回家实践后发现，当她试着对孩子这样说的时候，她内心对于露露的哭闹接纳了很多。露露再哭闹时，妈妈不再像之前一样非常生气、无比抓狂，先是强忍着，忍不住了就凶孩子或者揍孩子一顿；现在，妈妈更加理解孩子的那种失落感和挫败感，她也更愿意拥抱那个哭泣的小女孩，娘俩之间的关系亲密了许多。露露得不到满足时依旧会哭，但不会那样长时间地哭了。看得出来，她的哭是纯粹的伤心和难过，而不是在通过哭闹争取什么或者赢得胜利。

为什么孩子总是很犟

　　朋友在市郊有套小别墅，我和朋友各自带着俩娃一起去那过周末。因为好久没住，去了先是一通打扫，害怕孩子饿着，先下了点方便面将就一下。给孩子们把面条盛好端上桌，朋友上三年级的女儿豆豆问："筷子呢？"朋友正忙活着，觉得女儿都上三年级了，还这样衣来伸手、饭来张口，就没好气地说："自己找，我也不知道在哪儿。我要是知道在哪儿不就给你拿了！"豆豆一看妈妈没好气："没有筷子怎么吃呀！那我不吃了！"朋友说："不吃就不吃。"结果，孩子就真的不吃了。一天都没吃饭，直到晚上，好说歹说，才勉强吃了点，边吃还边说："不饿呀！一点都不饿！"

　　朋友悄悄跟我说："看，这孩子就这样，脾气特别拗，犟驴一个！她这性格也随我，我小时候就特别倔，我妈不让我看电视，我就搬个小板凳坐电视机前。我妈一看我这么拗，也上劲了，死活不给我看。结果有一次我一口气坐了四个小时，最后都坐在凳子上睡着了。"

　　她这样一说，我也想起来，自己小时候也有过类似的经历。我小时候上学那会儿家里穷，我想给家里省点钱，于是自作主张，没交书费，找高年级的大姐姐借了旧书，觉得自己特别懂事，回家父母一定会夸奖我！没想到，回去把钱交给爸爸时，爸爸上来就没好气地说了一句："我看你就是不学好！"我那个委屈呀，就像决堤的河水，一下子喷涌而出，一句话都说不出来，哽咽在喉。我冲出家门，离家出走，想着再也不要回这个家！可是又不敢去远的地方，就躲在马路边的冬青树后面，憋屈了一天。

最后，爸爸找到了我，让我跟他回家，我不回。他说："你这个孩子怎么这么拗！"是的，我就是拗，因为我的情绪没有被看见。后来，爸爸见我真的不准备跟他回家，也软了下来，说："我知道你懂事，想给家里省钱，但这是上学的钱，不能省。"我这才跟他回家了。

相信父母们对于这种场景都不陌生。我听过许多家长抱怨，"我家孩子总是'一根筋'，特别'拗''又犟又轴'"。说这些话的家长一定对孩子充满了无奈，又束手无策。虽然孩子小，但如果油盐不进，好说歹说都不听，家长也没辙——总不能像老板开除不听话的员工一样，把孩子开除吧！

这种情况僵持下去的结局，要么是家长从了孩子，要么是家长拿出架势镇住孩子，使孩子被强势威逼从了家长。但这样做的结果就是，孩子会变得越来越拗，越来越轴，甚至最后演变成，你打他，他都不跑也不求饶，一声不吭，梗着脖子死扛，仿佛在说："你打吧，打死我才好呢！"到了这一步，家长就真的无奈了，于是只好放弃："随孩子便吧，我管不了了！"

真的没辙了吗？不是的。父母需要打开自己的意识，用现在流行的话说就是"升维"，站在新的高度看待问题，就会看到新的解决问题的方式。

出现这种情况，说明父母和孩子陷入了"权力争斗"，结果就是两败俱伤。俗话说，家是讲情的地方，不是讲理的地方。家长不能跟孩子硬犟，要学会先转过头来跟孩子"讲情"，才能更好地"讲理"。

朋友还有个儿子叫仔仔。仔仔的脾气也和他姐姐一样倔，动不动就和其他小朋友闹矛盾、不高兴，自己窝在一旁生闷气，不跟大家玩了。有一次，四个孩子在帐篷里挤来挤去，顺顺不小心推了仔仔一下，仔仔就生气了："我再也不要和你们玩了！"他姐姐豆豆见他这样说话，就说："不跟我们玩就不跟我们玩，我们三个玩。来，咱们玩，不要理他！"听到姐姐这样说话，仔仔更生气了，一个人躲到一旁的草丛里看iPad。我走过去说："刚才顺顺推你，你很生气，对不对？"仔仔气哼哼地说："对！我再也不要跟他们玩了！"我把顺顺叫了过来，请他跟仔仔道歉。顺顺说："对不起，我刚才不小心推了你。"仔仔说："你要是不跟我道歉，我才不理你呢！"我见仔仔开始松动了，赶紧说："孩子们，咱们去探险吧！"

"好耶！"于是，我带着四个孩子排成一排"开着小火车"出去探险。我穿着宾馆里的那种一次性拖鞋，仔仔不小心踩了拖鞋一下，我往前一走，拖鞋就裂成了两半，孩子们看着歪歪扭扭裂开的拖鞋哈哈大笑，仔仔还愉快地帮我回去拿了鞋子。接下来的玩耍就很愉快了，孩子们找到了一条小河，抓了好多蝌蚪，仔仔还把自己抓到的蝌蚪分享给了顺顺。

我朋友说，俩孩子在家整天掐架，她都快烦死了。可我带着四个孩子出去玩，孩子们都玩得很愉快，很少会出现矛盾。这是为什么？我做对了什么？

我想，最主要的原因是，父母太爱自己的孩子，时刻关注着孩子的成长，总是希望孩子能形成一些好的品质，当期待落空就会产生许多情绪。就像在豆豆和妈妈一开始的互动中，尽管没多说什么，孩子一下子就收到了妈妈语气中那种不耐烦的情绪。如果妈妈不及时调整，及时共情孩子感受到的负面情绪并帮助其化解，孩子自己无法消化这些情绪，就会选择用"犟"的方式去应对。而我作为一个外人，和他们说话的时候是不带情绪的，所以与孩子互动起来就比较简单。

其次，我会看到孩子的负面情绪，接纳他，并帮助他进行化解。比如，在与仔仔的互动中，我看到他生气了，会走过去问他"你是不是现在感觉很生气"，然后把他想要的道歉想办法给到他。在豆豆和妈妈有关筷子的对话中，如果妈妈能及时看到孩子又开启了"犟"的应对方式，抓紧哄哄孩子："对不起，刚才妈妈有点忙，所以说话时情绪不太好，咱们一起找找筷子在哪里吧！"豆豆就不需要用"不吃饭"来对抗了。所以说，犟脾气的孩子一定有犟脾气的父母。

最后，我会用正向积极的情绪来带动他。比如，看到仔仔口气松动了，我会提出让孩子们都尖叫着响应"去探险"，而且把走路变成"开小火车"，结果路上又发生小插曲，让孩子们在哈哈一笑的过程中积攒许多正向的能量，足够应付接下来的各种不如意。

孩子是情绪化的动物，在与孩子互动的过程中，让孩子心情好特别重要，这也就是我所谓的"讲情"，孩子心情好、与你感情好，接下来再讲理就会容易得多。

发现了吗？看似简简单单地给予孩子回应，考验的却是父母的耐心和心态。如果父母带着情绪，冷冰冰、硬生生地与孩子讲道理，孩子的情绪会越来越差，亲子关系也会越来越糟，你再要求孩子做什么他都不愿意配合，就会感觉带孩子非常累。但如果父母能给到孩子恰当的回应，孩子就会越来越顺和，你再跟孩子提要求时，孩子也会越来越愿意配合，你就会感觉带孩子很轻松。

所以说，且不论回应孩子对孩子有什么积极意义，单就能让带娃变轻松这一条，就值得父母们好好研究一番。养育孩子虽然辛苦，但绝对不应该成为生气、上火的一大来源，否则，就说明哪里出了问题。

跟孩子犟，是家长回应孩子时经常犯的一个错误。父母和孩子之间只停留在讲道理和行为层面，没有在情绪、情感等精神方面有效地沟通交流。

为什么孩子跟我不亲

人们常说，世界上最亲近的人莫过于自己的父母和孩子。然而，就是在这样最亲近的关系中，却隐含着许多莫名的仇恨。对父母多有怨言的网友戏称自己为"小白菜"，他们感受不到母爱的温暖——确实存在这样的现实。如果父母不能在精神层面很好地接纳孩子、理解孩子，轻则让孩子和自己不亲，重则让孩子一旦有机会就会选择逃离父母。

我有一位来访者，发现丈夫出轨后就利索地离了婚，一双儿女都跟着她，丈夫定期支付抚养费。

一开始，还算比较和谐，周一到周五孩子由妈妈接送，周六周日孩子去爸爸那儿过周末，尽管离了婚，但还能共同抚养孩子，双方也算尽到了父母的责任。

就这样过了两年。突然，孩子爸爸一纸诉状，将孩子妈妈告上了法庭，请求变更抚养权。爸爸的理由是妈妈多次打骂孩子，证据则是女儿提供的，有一些伤痕的照片、录音等。这真的出乎她的意料，这可是自己的女儿呀！平常吃喝穿戴从来没亏待过她，对她也挺好的，确实因为情绪不好打过她一次，也不是真打，就是捏得有点重，胳膊上出现了一些淤青。女儿竟然记仇了？后来，她又发现了女儿和爸爸的一些聊天记录，里面全是"爸爸我爱你""快来救我啊""我讨厌妈妈"之类的话。这位妈妈崩溃了。自己一个人辛苦抚养孩子，结果却换来女儿状告自己、想方设法地离开自己？

这位妈妈怀疑孩子爸爸是不是通过什么把柄拿捏住了孩子，让孩子回过头来这样对她。她实在想不通，所以来找我做心理咨询。

为了更好地了解她与女儿的互动情况，我以朋友的身份去过她家几次。经过观察我就明白了，她和女儿的互动特别像"教导主任对待学生"，妈妈总是讲很多道理，提出各种命令和要求，缺乏有效的情感沟通，因此母女之间也就缺乏一种亲密感。

随着咨询的深入，我渐渐了解到，这位来访者对自己的妈妈其实也是这种感觉。打小她与妈妈就不亲，直到现在，妈妈帮她带孩子，她也没有那种自然的感恩之情，因为妈妈的介入反而给她的生活增添了许多别扭。比如，妈妈非但不理解她的痛苦，还一直抱怨她，为什么不能为了孩子将就一下，非得执意离婚？来了之后，又唠唠叨叨，嫌她不收拾房间，把房间弄得乱七八糟……所以，她说只要自己能忙得过来，就不要妈妈过来帮忙。过年她也没有回娘家，自己一个人在家过的。她说，虽然身边簇拥着许多人，却感觉世界上好像只有自己一个人。

继续追溯下去，她也发现，自己的母亲与外婆的关系也挺纠结。也就是说，母亲从外婆那里也没有得到想要的温暖。

当一个人在世界上最亲的几种关系（夫妻关系、亲子关系）中都遭遇了瓶颈，她会体验到极致的孤独。而这一切，最深的源头还是在于她和父母的关系，这也就是所谓的"亲子关系会成为将来人际关系的模板，影响一个人一生的幸福"，这种影响如果不加反思和改变，真的会代际传递。

问题出在哪里？在于大家都停留在理性的、行为层面的交流，缺乏情感层面的温暖沟通。我们常常说，家是讲情的地方，不是讲理的地方。这不意味着我们在家里可以蛮不讲理，而是在与家人沟通的时候，要先从情感层面入手，试着站在对方的角度看问题，试着理解、接纳对方的感受，对方感受到我们的理解和接纳之后，才会愿意继续听我们接下来要说的话。这位来访者与女儿的互动特别像"教导主任对待学生"，学校里的教导主任常常对孩子的行为进行各种训导，告诉孩子哪种行为是不对的，而不站在孩子的角度去思考，"他为什么会做出这种行为？""行为背后的动机是什么？"总是讲道理、提出各种命令和要求的后果就是，母女间缺乏亲密感。而在她离婚之后，她母亲的所作所为也没有让她感受到温暖，所以她不愿再去父母那里，宁愿一个人孤独地过春节。

满足孩子的"度"在哪里

我家住的单元楼里有个孩子叫依依，上幼儿园大班。看得出来，她妈妈特别尊重她。每一次她来我家玩，本来说好了八点半走，到点了妈妈来喊她，她不走。她妈妈就只会一遍遍地央求："走吧，依依，到点了。""等会儿。"结果，依依妈妈就这样等着。一磨一蹭，又过了半个小时，我也担心影响孩子第二天上学，只好开启"撵人模式"，"依依，我知道你今天玩得很开心，这个玩具你也很喜欢，但是今天时间太晚了，咱们明天再来玩，或者你可以把这个玩具带回家继续玩"，这才把孩子送走。

有时，依依在楼下玩，经常看见她送走了最后一个小伙伴，十点多了还和妈妈闲逛。依依妈妈说："没办法，她没玩够，不回家。"

早上，经常是我把孩子送去幼儿园，回家的路上看见她们急慌慌地往外走。依依妈妈说："没办法，孩子早上磨磨蹭蹭，总是迟到。"

依依妈妈向我咨询孩子学乐器的事情。我跟她介绍完大概情况后说："反正不管学什么乐器，一开始兴趣满满，过上一阵子，最初的兴趣很有可能就被重复练习和日渐变难的曲子给磨没了，这时孩子可能就不愿意学，像爬山一样，需要越过那个坎儿才行。"她说："是这样的，孩子报过好多个兴趣班，每个都是半途而废，一开始很喜欢，学着学着不愿学了，就由着她的性子放弃了。现在又对架子鼓感兴趣，我也不知道她能够坚持多长时间。"

依依妈妈带孩子确实很"佛系"，没听她跟孩子急过，说话从来都是慢条斯理，跟孩子商量，如果孩子不同意，那就尊重孩子。但最近依依妈妈也有些焦虑，因为依依马上要上小学了。在幼儿园阶段还好，各方面压力小一些；上了小学之后，节奏变快了，孩子要早起吃早饭，按点上学不迟到，中午午休时间变短了，如果晚上睡太晚就会影响第二天的学习，孩子再跟不上节奏，那可怎么办呀？

回应孩子时家长经常犯的错误是：把"尊重孩子"与"尊重孩子的行为"画等号。尊重是人格层面的尊重，比如不因为孩子年龄小就忽略他的意见和个人意志，但尊重孩子不代表尊重孩子的一切行为。对于某些不恰当的行为，是要有所约束的。许多父母无法拒绝孩子，觉得拒绝孩子就是不尊重孩子。但其实，亲子关系中的两方是平等的，父母需要尊重孩子，同时也需要尊重自己、尊重规则。

美国心理学家维克多·弗兰克尔曾经在"二战"期间被关进纳粹德国的犹太集中营，但无论纳粹如何折磨他的身体，他都能保持积极乐观的心态，从而在集中营里活下来，并移居美国，最终形成了自己的"人类终极自由"理论。虽然纳粹能控制他的生存环境，摧残他的肉体，但他的自我意识是独立的，能够超越肉体的束缚，以旁观者的身份审视自己的遭遇。他可以决定外界刺激对自己的影响程度，或者说，在遭遇与对遭遇的回应之间，他有选择回应方式的自由和能力。

维克多·弗兰克尔意识到，自己的精神可以独立于外部的环境。

同理，我们在回应孩子时，也可以将精神和行为分开。精神层面可以无限地理解、接纳孩子，行为层面又可以有所限制。行为层面的限制不妨碍精神层面的理解和接纳，精神层面的理解和接纳也不影响行为层面给予限制。它们是两个独立的层面，这样既能满足孩子对于被理解、被接纳的需要，也能尊重社会的规范和父母对于孩子行为的要求。

许多父母容易在精神层面回应时犯错，导致亲子关系紧张，自己的行为要求也无法让孩子接受。人本质上是感受的动物——感觉好了，怎么都行；感觉不好，就会出现各种别扭、卡点。所以，对于亲子间的沟通，父母要把握好最开始也是最重要的一步：做好精神层面的回应。

重点回顾

※ 回应孩子时家长经常犯的错误是：把"尊重孩子"与"尊重孩子的行为"画等号。

解决这个困境的方法是在回应孩子时，将精神和行为分开。精神层面可以无限地理解、接纳孩子，行为层面又可以有所限制。它们是两个独立的层面，这样既能满足孩子对于被理解、被接纳的需要，也能尊重社会的规范和父母对孩子的行为要求。

思考与实践

你的孩子脾气犟吗？如果是，请反观自己，是不是在生活中也是一个"犟脾气"，经常和孩子犟上。

接纳：建立沟通桥梁

接纳是精神层面最主要的回应方式。接纳包含两个层面，分别是观念接纳和技术接纳。前者指父母在心里对孩子有一种全然接纳的感觉；而父母将这种接纳的感觉表达出来，让孩子感受到父母的接纳，这被称为技术接纳。

孩子表现出好的行为时，父母是很容易做到接纳孩子的；但是当孩子行为不当时，父母做出接纳会比较困难，而很容易被孩子的负面情绪、负面行为影响，气不打一处来，直接就针对行为本身进行回应。所以，我们经常说"做父母是一场修炼"。正如维克多·弗兰克尔面对敌人的折磨，可以让自我意识岿然不动，保持精神的独立自由，父母也需要修炼，让自己面对孩子的负面情绪和负面行为时，依旧能够淡定从容，从内心里愿意去理解和接纳孩子。

通过观念接纳回应孩子的精神需求

接纳什么

接纳孩子的基本心理需求

儿童时期的基本心理需求包括五种：安全感、新奇感、社会价值感、意志感和自我价值感。

1. 安全感

安全感是最重要的基本心理需求之一，当安全感被满足的时候，孩子才会寻求运动、探索和模仿等其他需求的满足。安全感主要表现为确定感和可控感。当一个人感觉到周围的环境是自己可以掌控的，自己是安全的，没有危险，或者即使有风险，自己也有能力化解时，就会产生安全感；反之就是缺乏安全感。对于孩子来说，安全感与早期母婴关系密切相关。如果在孩子小的时候，妈妈陪伴在身边，经常给他拥抱与爱抚，陪伴他游戏、运动，孩子的安全感就会充足，自信并乐于探索。反之，孩子就可能出现退缩、黏人、适应不良等行为。

2. 新奇感

新奇感是指人们在遇到新鲜奇特的事物、景象或经历时获得的一种快乐体验。孩子的许多行为都是新奇感在驱动，比如吃手、撕书、扔东西、翻垃圾桶等看上去没有什么意义的行为，都是为了满足新奇感。

3. 社会价值感

人类是群居性动物，渴望被群体接受，在群体中找到适合自己的位置，并对这个群体有所贡献。在家庭环境中，孩子的许多行为都离不开这样的动机：渴望被关注、被接受、被认可，体现自己的重要性，获得归属感。当这些需求获得满足时，人们就会感觉安全、放松。当一个孩子能够感觉到自己是家庭里的重要一员，他就能自觉维护这个家，并经常为家做些有益的事情，他的行为往往具有建设性。如果他在家里找不到自己的位置，感觉不到自己的重要性，自我感觉不好，就会产生卑微感。为了消除或者战胜卑微感，孩子就会用捣乱、破坏性行为来证明自己的存在——许多难以理解的行为，比如标新立异、做出怪异行为吸引家长和老师的注意、想赢怕输、报复、权力争斗等，其实都是为了获得社会价值感。

4. 意志感

意志感是孩子在完成既定目标的过程中获得的一种快乐体验。比如，孩子刚开始学走路时，虽然总是摔倒，却不愿意让大人扶，因为孩子在不断地跌倒—努力爬起来—继续走的过程中体验到了意志感的满足。

5. 自我价值感

作为一个独立的个体，儿童需要在日常生活中体验到自己是有能力的、有价值的。他们在第一次学会自己吃饭、骑自行车、滑冰等的时候，都会获得比较强的自我价值感。家长需要看到孩子的这种自我价值感需求，给予孩子尽可能多的机会去体验和探索，让他们亲自做事、亲自生活。

这五大需求也催生并驱动孩子做出各种各样的行为。或许孩子的某些行为方式不正确，但这是基于其成长经验和思考的，必有其合理之处，所以，父母要学会透过孩子的具体行为，分析孩子到底是想满足哪种基本心理需求。基本心理需求是人类共有的，没有好坏、对错之分，是需要父母理解、接纳的，然后再引导孩子用合理的行为来满足自己。例如：

- 去野生动物园非要玩水、捞小鱼不可，主要是为了满足新奇感，同时也有一定的意志感和自我价值感需求；
- 不停地想要看手机、吃零食，是为了满足新奇感和获得感官的享受；
- 喜欢爬高往下跳，是为了满足意志感和自我价值感；
- 想要把公共场所的恐龙模具和别人的玩具带回家，是为了满足新奇感；
- 把孩子的画贴到墙上，认过的字攒到一个大盒子里，看过的书摞到一起，是为了满足孩子的意志感和自我价值感；
- 当孩子做出好的行为时，父母给予肯定，是为了满足孩子的社会价值感和自我价值感；
- 孩子在舞蹈方面不断自我挑战，苦练基本功，最后获得表演的成功，是意志感、社会价值感和自我价值感同时得到满足；
- 攻击别人、破坏别人的物品、做错了事情不承认、撒谎，可能是出于对新奇感、引起别人关注的社会价值感以及安全感的需要。

当我们看到孩子行为背后的心理需求，是不是也对孩子的行为多了一分理解和宽容？是不是好像更容易接纳孩子了？

接纳孩子的情绪、情感

情绪、情感有正向负向，但是没有好坏，都是需要被接纳的。心理咨询师黄仕明在他的《停止你的内在战争》一书中指出：

> 我们常常以为去掉生命里那些"坏的"东西，剩下的就会是"好的"——以为去掉了担心、无力、恐惧、烦躁，剩下的就是勇气、力量、平静、信心、热情。这种"努力"的改变往往让我们陷入改变的陷阱，我们对自己发出一场内在的战争，而战争的形式，我们一定不陌生：我们想改变自己讨厌的状态，带着紧绷的肌肉尝试让改变发生，想把讨厌的状态从我的生命中除掉，却又紧紧地锁住了它。

瑞士心理学家荣格说：我情愿是完整的，也不愿是完美的，完整才会有创造力。我们对于孩子，也是如此。要完整地接纳孩子的各种情绪，不管孩子表现出来的是正向的情绪（诸如爱心、勇气、力量、信心），还是负向的情绪（诸如生气、恐惧、担心、焦虑），我们都需要予以接纳，并且引导孩子学会接纳自己的各种情绪。

有一天，英语老师要求在6秒之内说出8个英文单词，柔柔说得不熟练，总是在最后几个单词中卡顿，时间超过6秒。尝试了几次都不行。柔柔开始变得紧张，结果越紧张，越不会说，说着说着嘴巴都像打了结了一样，会的单词也不能准确发音。这时，我尝试引导柔柔看到自己的紧张，跟她说："你看，总是过不了关，紧张小人就来了。它一来，就像个调皮的孩子一样勒着你的脖子，让你说不出话来。你跟它说'紧张小人，欢迎你来玩！不过我现在正在忙重要的事情，你先别打扰我，自己安静地玩会儿，我学完习再来看你'。"如此一来，我们就把紧张看成了一个"调皮捣蛋"的小孩，柔柔尝试按照我说的跟它对话，感觉特别好玩，很快就放松下来，然后她很快就按要求完成了任务。等她完成任务之后，再回过头来找紧张小人，发现紧张小人跟她玩起了捉迷藏，早不知道躲到哪里去了。

通过这样一个小例子，大家可以看到我对情绪的态度：不论何种情绪，欢迎它的到来，给它一个位置，如果有时间，就陪它静静地待一会儿，如果时间比较紧，就让情绪先安静地自己玩，再把全部注意力收回到当前要做的事情上去。

实际上，每种情绪的存在都有其作用，《如何做一个情绪稳定的成年人》中对各种情绪的作用进行了分析，摘取几种常见的列举如下。

- 悲伤：具有社会参与、社会联结的功能，帮助我们与他人更加紧密地联结起来，使每个个体在遇到困难的时候获得更多的支持，通过人与人之间的相互帮助，提高每个个体乃至种群的延续性。当一个人表现出悲伤，就是一种无言的社会信号：我感到痛苦、遇到了困难，请快来帮忙。悲伤还具有生理清理和心理净化的作用。当我们哭泣时，确实有一部分压力激素会随着眼泪流出去。悲伤还可以帮我们意识到什么是对自己最重要的。
- 愤怒：是人体安保系统的一部分，当自己的利益乃至生命受到侵害时，能保护我们免受伤害。

- 恐惧：让我们逃离危险，获得安全。社交意义在于通知他人存在威胁，寻求他人的帮助。

- 焦虑：焦虑是人体应对长期压力的方式。人体在面对长期压力时会分泌一种叫皮质醇的激素，这种激素可以在一定程度上长时间提高身体的应激能力，使人们维持相对良好的表现。焦虑实际上是一个人血液中皮质醇含量较高时的主观感受。当一个人的内心出现了一些我们不想感觉到的情绪时，也会产生焦虑。因此，焦虑可以说是内心压力的测压计。

其实情绪本身不是问题，如果能够看到情绪、接纳情绪，情绪很快就会过去，也不会给我们造成问题。但是如果不接纳情绪，对情绪产生负面评价，觉得不应该出现某种情绪，就会表现出对自己情绪的抵抗，并且在这个"抵抗运动"中内耗掉很多能量，这又进一步诱发次级情绪，结果内部"敌人"莫名其妙地越来越多，人们也会在对战中稀里糊涂地把精力消耗殆尽。

所以，对待孩子的情绪，需要父母看到每种情绪的作用和价值，接纳它们的到来，并且用恰当的方式与之相处，这也教会孩子如何与自己的情绪相处，是一种情商教育的方式，对孩子的一生都大有裨益。

人的大脑中有两个系统，一个是理智系统，一个是情绪系统。外部信息来到大脑之后，会被分成两路，分别去往情绪系统和理智系统。去往理智系统的路径更长，而去往情绪系统的路径比较短。也就是说，情绪系统接收信息在先、处理速度更快，但是比较粗糙；而理智系统更精密，能够对信息做出更全面、更准确的判断，但是也需要更多的时间。神经科学发现，情绪系统先于理智系统发育并成熟——孩子的大脑中，情绪系统已经成熟运转，而理智系统还非常稚嫩，因此，要求"弱小"的理智系统去控制"强大"的情绪系统，是不符合孩子的生理发展现状的。

而在自我控制能力还没有很好地发展之前，情绪是孩子行为的总指挥，这是大脑发育的阶段性特征。这时，所有"不合理"的行为都不是他"有意识"去做的，而可能是在情绪的操控下自动发生的。实际上他也知道打人、乱发脾气是不对的，但他无法控制自己的情绪。因此，对于孩子的各种负面情绪，父母需要接纳；而对于孩子"不合理"的行为（如打人），父母则需要去引导孩子做出改变。

加州大学洛杉矶分校的神经心理学教授舒尔博士提出了一个重要理念：孩子在早年经常无法对情绪进行必要的自我调节，但是良好的情绪状态又是大脑健康发育的条件，因此成人必须充当"外部调节器"，来帮助孩子调整情绪。

如何当好孩子情绪的"外部调节器"呢？这就需要父母理解、接纳孩子的情绪，陪伴情绪待一会儿，情绪的能量自然会慢慢消散。在孩子有情绪时，父母如果说不要哭、别害怕、有什么好生气的，那么这都是在试图压制和否定孩子的情绪，十分不利于孩子学习情绪管理。

接纳孩子的气质类型

情绪是一过性的，来得快去得也快，比较容易被接纳。但是气质类型可以说是从娘胎带来的，不容易改变，所以，如果孩子的气质类型比较"难缠"，父母接纳起来则是不小的挑战。

俗语说"有的孩子是来报恩的，有的孩子是来讨债的"。有的孩子像天使一样，特别好带，有的孩子则会把父母折磨得要疯。西尔斯在《亲密育儿百科》这本书中提到了他的高需求宝宝。

我们头3个孩子很好带，所以我们始终不能了解那种所谓"难带的孩子"到底什么样。到了第4个孩子——海登，她把我们原来平静的家搅得天翻地覆。海登一出生就与众不同。对别的孩子起作用的方法，对她都没用。她吃奶和睡觉的时间根本没有规律可言。她是那种得一直在怀里抱着，一直在胸前靠着的宝贝。我们一放下她，她就号啕大哭，但一抱起来，她就不哭了。海登每天就这样在家人的怀里传来传去。玛莎抱累了，就轮到我。用背巾背着她效果比较好，不过有时也不管用。

我们离开了一会儿，她就受不了了。她整天黏着我们，还把白天的哭闹带到晚上。她激烈地拒绝小床，只喜欢睡在我们床上，躺在父母暖和的身体旁边。那张曾经让老大、老二、老三进入甜蜜梦乡的婴儿车很快在二手市场被卖掉了。海登唯一不变的地方就是她每天都在变，今天还起作用的办法到了明天就没用了。我们想方设法满足她。"需求无度"就是她的写照。

我们对海登的感觉也跟她的行为一样反复无常。有时我们很同情她，有时我们累得精疲力竭，有时我们不知所措，甚至有些生气。

如果她是我们的第一个孩子，我们可能会觉得这是我们的错，并且会自我反省到底哪里做错了。而当时我们已经养育了3个孩子，是经验丰富的父母，我们知道这不是我们的错！

养育这种类型的宝宝，父母要上的第一课是：宝宝这样主要是因为他的气质类型，而不是因为你的育儿能力！

我们曾经给她取了个绰号：小多。她什么都要得多，尤其是拥抱和吃奶，只有睡觉不是。我们明白，海登不是那种标准的宝宝，标准宝宝那一套对她不起作用。当我们不把她看作一个需要矫正行为的问题宝宝，而是一个有特殊个性、需要特殊培育的宝宝时，跟她相处就容易了许多。

西尔斯的经历也提醒我们，每个孩子有其天生的、独特的气质类型，作为父母，需要了解孩子的气质类型，并有针对性地给予养育。广泛被认可的气质类型划分方式是公元前5世纪古希腊医生希波克拉底的分类：

- 多血质：容易形成有朝气、热情、活泼、爱交际、有同情心、思想灵活等品质；也容易出现变化无常、粗枝大叶、浮躁、缺乏一贯性等特点。这种人活泼、好动、敏感、反应迅速、喜欢与人交往、注意力容易转移、兴趣和情感易变换等等。

- 黏液质：神经活动强而均衡的安静型。这种气质的人平静、善于克制忍让、生活有规律、不为无关事情分心、埋头苦干、有耐久力、态度持重、不卑不亢、不爱空谈、严肃认真，但不够灵活、注意力不易转移、因循守旧、对事业缺乏热情。

- 胆汁质：情感发生迅速、强烈、持久，动作发生也是迅速、强烈、有力的。属于这一类型的人都热情、直爽、精力旺盛、脾气急躁、心境变化剧烈、易动感情、具有外倾性，他们反应迅速，情绪有时激烈、冲动，很外向。

- 抑郁质：神经类型属于弱型，他们体验情绪的方式较少，稳定的情感产生得也很慢，但对情感的体验深刻、有力、持久，而且具有高度的情绪易感性。抑郁质的人为人小心谨慎、思考透彻，在困难面前容易优柔寡断。

每个孩子的气质类型不尽相同，因此，父母可以根据自家孩子的特点，分析孩子的气质类型，并在养育过程中，尽量扬长避短，因材施教。

我家两个孩子的气质类型就不同。老大柔柔属于黏液质。她从生下来就非常好带。我躺在产房的床上，她生下来之后被包裹在小被子里，眼睛滴溜溜地看着这个世界，一直都没哭，医生朝她后背拍了几下，她才开始哭。吃饱喝足了，她就安静地躺着自己玩，一脸的满足，一逗就笑，特别可爱，睡眠质量也特别好，通常白天一睡就是两三个小时，晚上也就醒一两次，吃饱了接着睡，带她非常省心。她渐渐长大，我发现她无论做什么事都特别认真，坐得住，耐得住性子，因此学东西有模有样。她不冒进，做事非常小心谨慎，所以很少跌跤或者冒失地打翻什么东西。但是她到陌生的环境中会有些敏感、慢热，通常要好久才能适应新环境。社交方面一开始也比较被动，要等着别人来主动跟她交朋友，她才会回应。

二胎儿子顺顺的气质类型应该属于多血质。他的睡眠比较浅，白天睡觉一点动静就醒，晚上得醒两三次。从小他躺在床上时，就手脚不停地动，跟乌龟翻了个儿似的，一刻也不闲着。会走之后，很少见他能安安稳稳地走路，常常是抬腿就跑，一跑就摔，所以裤子基本上没有不破洞的。他非常爱交朋友，见了好朋友就热情地扑上去，与人拥抱、蹦跳，拉着人家的手邀请来我家玩。他也非常体贴，同理心很强，懂得照顾别人的感受。他的脑子转得很快，鬼主意多，经常是他带着姐姐玩。但是他不如姐姐认真、稳重，学东西学个大概，容易粗枝大叶、浮躁。玩玩具常常是一个还没玩完，就去玩另一个，他只要在家，玩具就会堆得满地都是，一片狼藉。

在带养他俩的过程中，我会注意扬长避短，理解这只是他们的气质类型在影响着他们的行为表现，而不会用统一的标准去要求他们。比如，对于柔柔，在她学习方面我无须操心，她学什么都能学得很好；但是在社交方面我需要多引导——她慢热，在带她去陌生环境时，我会提前给她详细介绍要见的人、可能会碰见什么情况、事情的前因后果等，让她做到心中有数，如果她紧张，黏在我身旁，我也会多一分理解，等她愿意主动去探索时再去。而对于顺顺，社交不是问题，我不需要担心——有一天我带他下楼，一帮孩子围过来喊他"老大"，原来，他把玩具和好吃的分享给小朋友们，建立了一个自己的小团体，自己当上了老大；但是让他玩完一个玩具，收起来，再玩下一个，则通常比较困难，我就要求他玩完之后再把玩具统一收起来，接纳他造成的暂时性混乱；在学习方面，也接纳他有时候急躁不认真，学得不扎实，同时，引导他仔细观察，帮助他记得清晰牢固。

每个孩子都是独特的，父母要在接纳他们天生气质类型的基础上多加引导，使其性格更加完善，从而建立起健全的人格。

怎样接纳

如何做到这一点呢？我们可以借鉴《动机式访谈》这本书中给出的方法，它介绍了心理咨询师促动来访者改变的一种方式，而亲子之间的关系其实与心理咨询中的咨访关系类似，要想更好地回应孩子，使孩子发生建设性的改变，父母也需要使用"动机式访谈"。因此，书中所讲的咨访关系中的接纳同样适用于亲子之间，它将接纳分为四个方面：绝对价值、准确同感、支持自主性和肯定。

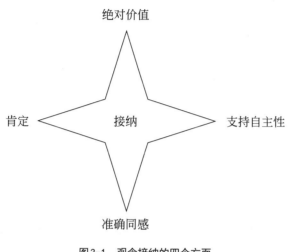

图3-1　观念接纳的四个方面

绝对价值

美国心理学教授克劳蒂亚·A.霍华德提出了"无条件人类价值"的概念，她强调每个生命都具有与生俱来的、无穷的、永恒的、平等的价值。一个人作为人的价值是无穷的、不可能改变的，也是不需要被证明，不能与其他人比较的。每个生命个体都带着他自己的个性特点，来完成他自己的人生使命。罗杰斯把这称为无条件积极关注，是"把这个他人视作一个独立个体来看待的一种接纳，对他人值得拥有其自己的权利的一种尊重。这是一种基本信任——认为不管怎样，这个他人从根本上是可靠的"。弗洛姆把这描述为一种尊重，这种尊重是"把一个人看成他的样子，能注意到他的独特个性的能力。尊重意味着对这个他人应该按照他自身本色成长和发展来进行关怀。尊重因此暗示着没有剥削"。当人们把他们自己体验为不可接纳的时，他们会被"固定"，他们去改变的能力就会减弱或者受阻，当人们体验到自己的本色被接纳时，他们就会自动地发生改变。

上面这段话有点难懂，我来翻译成大白话：每个孩子都有其价值，永恒不变、无须证明，也不能与他人进行比较，TA 是独立的，我们要尊重孩子。这是接纳的核心，父母要时刻牢记在心，无论发生什么都不能改变。

准确同感

接纳的第二个关键环节是准确同感，一种对他人内在视角的积极关注和努力理解，透过 TA 的眼睛去看待这个世界。这不是说"我同情你"或者"我有过和你类似的经历"，而是"去感知这个当事人的私有的个人理解的内在世界，就仿佛它是你自己的，但是永不丧失这个'仿佛'的限定"。

简单来说，就是父母需要有同理心，能够站在孩子的角度去分析孩子为什么会做出一些看上去不可理喻的行为，孩子当时的感受如何，有什么需求没有得到满足，如此一来，父母就能更加理解孩子行为背后的原因，从而对孩子的行为多一分理解，也多一分接纳。

支持自主性

接纳的第三个关键环节是支持自主性，指的是支持人们"完全自由地存在和选择"，这样做建立在对人性有信心的基础上，即认为人性本质上是"积极的、向前迈进的、建设性的、现实的、值得信赖的"。相信当个体生命本能的需要得到充分满足时，会自然而然地朝着积极的方向成长。

也就是说，父母需要支持孩子、信任孩子。理解孩子行为背后的原因是想要满足一些基本的生理、心理需求，看到孩子行为背后的正面动机，想办法支持孩子，用恰当的方式满足这些需求。

肯定

接纳还涉及肯定。肯定不仅指确认某个人的优势或成绩，还意味着不论孩子的行为正确与否，都能透过孩子的行为理解其背后正常的心理需求，并给予确认，再想办法用恰当的方式予以满足。

讲到这里，许多父母会有疑惑：难道孩子做错了事，还要肯定？是的。孩子的行为虽然有错，但是行为背后的动机往往是可以理解的，是正常的心理需要导致的，父母需要透过孩子负向的行为看到孩子正常的行为动机，并且予以理解和接纳。比如，孩子打人，是因为他想要保护自己；孩子偷拿别人的东西，是因为他想拥有一件自己没有的物品……行为背后的需求没有错，孩子只是采取了错误的行为方式来满足自己。也就是说，目的没有错，但采取的手段错了。所以父母需要在理解孩子需求的基础上，引导孩子采取正确的方式来达到自己的目的。比如，被冒犯时保护自己的权益是对的，但用打人的方式就不对，可以通过语言警告、协商、请老师帮忙等方式保护自己；想要拥有一件自己没有的物品这种愿望没有问题，但是不能偷，可以通过让父母帮忙买或者询问对方是否可以借给自己玩一会儿、交换等合理的方式取得。

相信如果父母能对孩子做到这四个方面，时刻牢记尊重孩子、经常对孩子准确同感、支持孩子自主发展、肯定孩子，那么，接纳就是一种自然而然的状态了。

通过技术接纳促动建设性的改变

当父母能够做到心中有孩子、接纳孩子，接下来，就需要把这种感觉传递给孩子。可以通过语言表达，也可以通过肢体动作，总之，以让孩子感受到接纳为准。

描述性语言

父母使用描述性语言把孩子的感受描述出来，孩子就会感觉自己被看见、被理解了，这是让孩子感受到接纳的最有效的方式。特别对于年龄小的、自己还说不清楚自己的感受的小孩子来说，如果你能准确地说出他的感受，他就会瞬间被"击中"，与你产生最亲密的链接。准确地说出对方的感受，向对方传递的信息是"我懂你"，这是一种非常畅快淋漓的感觉。例如：

- 在野生动物园，看到孩子对玩水的那股渴望和兴奋劲儿，我会说："是呀！一个冬天都没玩水了，见到水真想痛快地玩一玩！""抓小鱼、戏水，确实很好玩，可是咱们没带网子，是捉不到这种小鱼的。"孩子那股想要玩水的情绪被看见了，也就愿意随着我的引导离开水域，去看野生动物了。

- 续续妈妈跟续续就看手机的时间约法三章，续续妈妈先说："我知道小视频很好玩，你也很喜欢看，但是如果不加以约束，一直看手机，眼睛会近视得越来越厉害。为了保护好眼睛，咱们得定一下看手机的规矩。"

- 顺顺想带走姐姐古筝课班里的太空沙和恐龙模具。我跟他说："是呀，我知道你很喜欢玩。这个的确也很好玩，还有你最喜欢的恐龙模具。可是，如果小朋友每个人都带一点太空沙和模具回家，会怎么样？"

- 柔柔把顺顺的脸抓破了，我共情她："我知道，顺顺把你最心爱的水晶球弄坏了，你特别生气。"

- 两个孩子把沙子倒进水杯中，我也是共情他们："我知道你们这样做只是觉得好玩而已，没什么恶意，也没想那么多。"

共情的过程就是修建沟通桥梁的过程。桥修好了，沟通才有可能发生，然后再讲道理，一点就通。正所谓，情不通则理不达，没有共情感受，道理是进不去孩子心里的。所以，在讲道理之前，请先用共情修建好沟通的桥梁。

拥抱

让孩子感受到接纳最常见的肢体动作就是拥抱，我们也通常用敞开怀抱来表示接纳。

当我和孩子因为某些事发生了冲突，我通常会说："过来，我抱抱你。"把孩子拥入怀中，他们僵硬的身体通常就会柔软下来，眼泪也会不自觉地流出来，然后就会开启他们的诉说。

顺顺最喜欢坐到我的"碗"里来。我盘腿坐到床上，他跳到里面，然后把被子围在他身上，我再连被子一起把他拥入怀中，娘儿俩就开始谈心了。每当他有心事或者对我有情绪的时候，就会要求入"碗"聊天。

柔柔最喜欢的姿势是侧着坐到我的腿上。我紧紧抱着她，然后她整个身体都窝到我的怀抱里。

不论什么姿势，"抱"是重点。父母温柔有力的双臂对于孩子来说是最安全的港湾。不论孩子犯了多大的错，父母抱一抱，孩子就会备受抚慰，焦灼、惶恐不安的心也就踏实下来。

倾听

专注的目光、认真倾听、温柔的态度，都能让孩子感受到一种理解和接纳，从而打开自己的话匣子。

孩子在诉说的时候，父母要认真地听，站在理解的角度不时地点点头，让孩子感觉"爸爸妈妈和我是一起的"，孩子就会更加愿意诉说。有的家长听不进孩子说话，孩子说一句，会立马予以反驳，认为孩子在找理由、找借口之类——孩子在表达感受，而家长在"讲道理"，驴唇不对马嘴，自然会出现沟通不顺畅的情况。家长需要放下道理，先来倾听孩子的感受，感受没有对错，只要孩子的表达是真实的，他说什么就是什么，父母只能认可，不能予以质疑或者否认。先倾听、理解孩子的感受，建立好感情的通道，然后再讲道理，沟通就会顺畅许多。

回顾与思考

※ **接纳是精神层面最主要的回应方式。**

接纳包含两个层面，一个是观念接纳，指父母在心里对孩子有一种全然接纳的感觉；而父母将这种接纳的感觉表达出来，从而让孩子感受到父母的接纳，这被称为技术接纳。

※ **父母需要接纳孩子的以下方面。**

1.基本心理需求：安全感、新奇感、意志感、社会价值感和自我价值感。

2.情绪、情感：要完整地接纳孩子的各种情绪，不管孩子表现出来的是正向情绪还是负向情绪，并看到每种情绪的作用和价值。

3.气质类型：每个孩子的气质类型不尽相同，因此，父母可以根据自家孩子的特点，分析孩子的气质类型，并在养育的过程中，尽量扬长避短，因材施教。

※ **父母需要修炼，让自己在面对孩子的负面情绪和负面行为时，依旧能够淡定从容，从内心里愿意去理解、接纳孩子。**

父母可以从四个方面尝试接纳孩子：时刻牢记尊重孩子、经常对孩子准确同感、支持孩子的自主发展和肯定孩子。

※ **父母可以通过语言表达或者肢体动作，让孩子感觉被接纳。**

1.描述性语言。

2.拥抱。

3.倾听。

思考与实践

　　你和孩子之间能够经常体验到一种亲密的感觉吗？如果是，请看看你做对了什么；如果没有，请从接纳入手，尝试让关系亲密起来。

第4章

分析孩子的行为类型

把孩子的行为进行分类后，养育孩子就像收拾房间一样简单了。

——一位8岁女孩的妈妈

这个世界纷繁复杂，充满各种现象、事实和观点，我们需要抽取其背后的规律，才能快速地认识和理解世界。而要找到这个规律，就需要我们拥有分类思维的能力。可以说，分类思维是有序人生的开始。这一章，我们就来看看如何将孩子的行为进行分类。

对于需要家长回应的孩子的行为，根据行为是否完成可以分为两个大类：正在进行的行为和已经发生的行为。

正在进行的行为，比如，孩子正在认真地读书、孩子正在打扫房间、孩子想吃一块冰糕、孩子正在津津有味地看手机……

已经发生的行为，比如，孩子已经认真地完成了作业、孩子不小心把一只碗打碎了、孩子在幼儿园打人了……

针对这两大类行为的回应有一些共同点，但也有许多不同之处，为了方便家长们学习和操作，我们分开来阐述。

象限分类法

四种正在进行的行为

分类要有依据。仔细分析，我们发现，决定一个行为是否能被允许，有两个限制性因素：家长的教育观念是否允许和现实条件是否具备。因此，我们可以依此对孩子的行为进行划分（图4-1）：

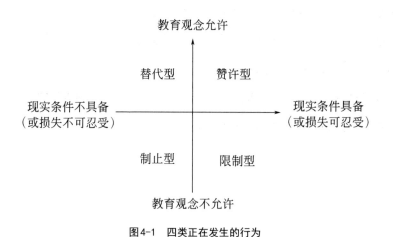

图4-1 四类正在发生的行为

象限图中，竖轴是"教育观念"，是精神层面的，也就是父母在观念上是否认可孩子行为的动机，认可孩子行为的合理性。教育观念许可的行为，是家长认为符合社会规则和道德要求、对孩子自身发展有利的，能够帮助孩子健康成长的行为。

竖轴的右侧，是赞许型和限制型，都属于现实条件具备（或者有一些损失，但在可接受的范围内）的行为。比如孩子看二十分钟手机、吃一根冰糕，虽然这些并不一定利于孩子的健康，但消极影响也不是很大，孩子又很喜欢，就可以在一定程度上允许。竖轴的左侧，是替代型和制止型，共同特点是现实条件不具备（或损失不可忍受），孩子如果做了这种行为，可能会干扰别人，或者带来一些比较重大的损失，是家长无法接受的，比如孩子打人、偷拿别人的东西等。

横轴是"现实条件（或损失）"，是物质（现实）层面的，也是父母实际上可以接受孩子行为的限度。"现实条件具备"是指客观条件能够满足孩子的要求，没有什么其他的损害或不恰当，也不违背社会的秩序和规范，孩子是可以这样做的。如果孩子的行为可能带来一些损失，造成物品的损坏或浪费，但这种损坏或浪费是家长可以忍受的，这就是"损失可忍受"。

横轴的上方，是赞许型和替代型，它们从家长的教育观念来说，都是应该被允许的行为，是由孩子生命成长的需求驱动，需要被满足，比如孩子帮忙做家务（但可能把水弄得到处都是）。横轴的下方，是制止型和限制型，从家长的观念来讲，这些行为是不被允许的，比如孩子把贵重的东西弄坏了、在公共场合大吵大闹、随手乱扔垃圾等。

这两个轴正交组合，就产生了孩子的四种行为类型：赞许型（观念允许且现实条件具备），替代型（观念允许但现实条件不具备或损失不能忍受），限制型（教育观念不允许但可以忍受），制止型（不允许也不能忍受）。

以孩子要吃冰激凌为例。假如家里正好没有，而且也没处去买，这就是"现实条件不具备"，因此把它划分到竖轴的左侧，即"替代型"或"制止型"。那么吃冰激凌应该是"替代型"还是"制止型"？这还要看家长的观念是否允许。如果家长认为吃冰激凌是孩子的一种需求，应该被满足，但家里没有，也没法买到，现实条件不具备，那么这就是"替代型"行为，家长可以在家里用冰箱帮孩子自制冰激凌；而如果家长认为冰激凌吃多了，对脾胃、牙齿不好，不利于孩子的身体健康，那么这就是"制止型"行为。

三种已经发生的行为

如果父母没有来得及在行为发生的时候当场回应，事后才发现，那这就是已经发生的行为。对此，父母不能不管不问，当作没有发生，而是同样需要根据不同的类型做出回应，可以沿用前面的分类标准。

赞许型行为如果已经发生，则为赞赏型；

替代型和限制型行为如果已经发生，则为谅解型；

制止型行为如果已经发生，则为警告型。我们来看一下象限图（图4-2）：

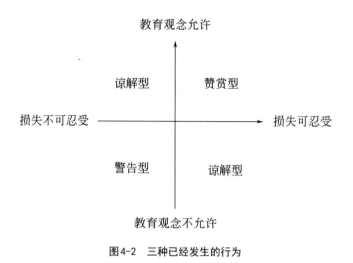

图4-2 三种已经发生的行为

如何确保分类的合理性

同样的行为可能有不同的分类

发现了吗？其实这里的分类标准是比较主观的，完全由家长根据自己的情况自主取舍。不论是竖轴的教育观念，还是看似客观、固定的横轴的现实条件或损失，大多是由家长的观念决定的。同样一个行为，有不同观念和标准的家长可能就会将其划分到不同的行为类型中。

对于孩子帮忙做饭这件事，我们家就呈现出不同的意见。我把它看作赞许型行为，会积极让孩子参与。孩子两三岁的时候，就让他在旁边看，有时候孩子要求翻炒几下我也会允许；稍大一点，我就教孩子择菜，用擦床擦土豆丝、胡萝卜丝，切菜，开关煤气灶；再大一点就教他自己炒——择菜、洗菜、切葱花、倒油、放葱花、放菜、翻炒、出锅……偶尔孩子不敢自己倒油，我会帮忙，其他环节让孩子独立完成，做完一道菜，孩子成就感满满。

《义务教育劳动课程标准（2022年版）》中，孩子在第三学段（5—6年级）要学会做两三道家常菜，如西红柿炒鸡蛋、煎鸡蛋、炖骨头汤等，还要会设计一顿营养食谱。怎么才能学会呢？不就是在日常生活中耳濡目染、不断参与嘛！

但孩子奶奶则认为孩子帮忙做饭是替代型行为。她会让孩子用玩具刀切一些比较软的东西，让孩子玩过家家，但是不敢让孩子真的动手操作，害怕孩子伤着。

对于孩子爸爸来说，孩子帮忙做饭是禁止型行为。孩子爸爸热爱研究厨艺，对于做饭的标准精益求精，他做饭时别人是不得靠近的，用他的话说这会"影响他发挥"。这个毛病倒也无可厚非，谁让他做饭好吃呢！

教孩子做饭这件事就交给我吧！等孩子大了，再跟他学如何把菜做得更好吃。

孩子简单的一个"帮忙做饭"的要求，被不同的人划分到了不同的行为类型中。幸亏我和孩子爸爸分类"互补"，孩子倒也不缺失什么；如果所有家长都将其划分为禁止型，那孩子就失去了学习做饭的机会，这将是他成长中一个很大的损失。

划分的类型不一样，对孩子的回应也就不一样，正所谓"失之毫厘，谬以千里"，因此家长们一定要在分类方面多下功夫，勤学习，善思考，在遇到具体情况时仔细琢磨，认真思量，尽量保证行为分类的适宜性，进而能正确地回应孩子。

分类过程中易犯的错误

错误一：把太多替代型及限制型/谅解型行为划分到了制止型/警告型中

对于大人来说，面对孩子提出的一个"大人觉得这样做不行"的要求，最简单粗暴的回应方式就是说"不行"，这免去了大人的许多麻烦，不用费脑筋思考寻找替代的方法，也不用为孩子承担过多的担惊受怕。但是这对孩子来说，却是一种灾难。

孩子凡是想做一件事，背后一定有理由，并且许多时候，是出于"生命"的需要，如果父母简单粗暴地制止了，就是试图"堵"住这种生命的需要。正如治水用堵的方式是行不通的，生命的力量也是堵不住的。终有一天会决堤、会崩溃，那时，父母就再也堵不住了。

卉卉妈妈因为卉卉高考发挥失常来找我咨询。高考之前，卉卉的成绩很好，在班里是前三名。老师都说卉卉没问题，考上重点高校是稳稳的事。可是，高考结果出来后，卉卉妈妈傻了眼：431分，二本线都没过。卉卉妈妈当时就吐了，她接受不了这样的结果。

卉卉妈妈很重视孩子的学习。她对卉卉管得很严，很少让她出来玩，手机一碰都不能碰。从小学到初中，一直让孩子上着某个非常有名的辅导班，三年级就已经开始学初中的内容。对于并不富裕的家庭来说，这份辅导费是沉甸甸的。卉卉也从来都不敢松懈，害怕辜负了妈妈的这份心血。幸好，卉卉的成绩始终不错，这让卉卉妈妈一直很欣慰，感觉自己的付出没有白费。可是，让她难以接受的是，卉卉中考发挥失常了，本来有希望冲刺省实验的她只考进了一所非常普通的高中。卉卉妈妈调整了一阵子后，接受了这个现实。为了孩子不住校，她又到孩子学校旁边租了个房子，陪着孩子度过了高中三年，租房的钱加辅导班费用又是一笔不小的开支。卉卉妈妈觉得，为了孩子的教育付出，值！结果，卉卉高考又一次发挥失常。这一次，她真的难以接受，彻底崩溃了，所以来做心理咨询。

她想不明白，自己为孩子的教育付出这么多，为什么换来的却是这样的结果？为什么付出与回报不成正比？

孩子不是学习的机器，孩子是活生生的人。卉卉妈妈对孩子确实很舍得花钱，但是她也把孩子管得太死了。学累了的时候自由自在地玩一玩、偶尔刷刷手机，这些都是人之常情，是孩子自由意志的一部分。如果父母一刀切地全部禁止，孩子就会受到严重的束缚，没有放松的机会，无法调节自己紧张学习的神经，学习效率也不会高，学习效果反而不好。卉卉两次重要考试发挥失常，就是没有调整好心态的缘故。从心理动力学的角度来看，也有可能是对父母的一种"被动攻击"（即"我不能明着反抗，就通过把你最在乎的东西搞砸这种无意识的方式来让你难受"）。

临床心理学家徐凯文博士发现部分大学生有"空心病"——缺乏正确的价值观，不知道自己要什么、不知道自己为什么而活。一些智商高、情商高的优秀学子在成长中没有经受过明显的创伤，却不知道自己是谁、自己想要什么、自己将成为什么样的人。因为他们所承载的往往是众人期待的目光、父母高标准的要求，他们的自我被掌声、鲜花、羡慕掩埋，久而久之便不知道自己究竟为何而来，又为何而活。这些孩子往往把大量时间和精力用在了学习上，对于生活以及自我人格完善方面的关注却少之又少。

如何避免患上"空心病"？就是给孩子一个稍微宽松的环境，丰富孩子的生活体验，让孩子学会做出自己的选择。每个人都是在一次次选择中活出了自己。因此，父母需要学会对孩子放手，尊重和理解孩子，而不是撵着孩子走父母眼中那条安全的、通往成功的大道。如果家长不赞同孩子想要做的一些事情，那也不要一棍子打死，将其简单划归到制止型行为中，而要与孩子商量，一起想办法调整、替代或者有所限制，达到孩子和父母都能接受的程度，这就是父母为保护孩子人格的完整性所做的积极而又重要的努力。

错误二：对本应有所限制的行为过度放任

没有及时调整孩子的不当行为，导致孩子缺乏约束，变成人们口中的"熊孩子"。尤其是当孩子做出违背公序良俗的行为时，哪怕只是无意的举动，父母也应及时劝阻，避免孩子成为无视规则、无视法律的人。

值得借鉴的原则

虽然对于孩子的行为分类并没有统一的标准，也没有绝对的对与错，但是有一些原则可以借鉴。

原则一：理解孩子行为背后的内在需求

在划分类型之前，要先尽量理解孩子行为背后的内在需求。孩子自动自发的行为背后一定是有原因的。这个原因往深挖，除了生理原因外，就是五种基本心理需求：安全感、新奇感、意志感、社会价值感和自我价值感。一时不能看清孩子行为背后的原因也没关系，父母要有一种理念：如果孩子持续地、坚决地、反复地要求做某件事，那就说明这件事是出于孩子生命本来的需求。家长不能简单地说"不行"，而要先深入地分析再决定要怎样更好地处理。

许多家长对于孩子吃糖果控制很严。为了牙齿健康，有的家长干脆不让孩子吃糖。可实际上，孩子对糖果、甜食没有抵抗力是因为他们的大脑需要很多糖。

葡萄糖是大脑唯一的热量来源，有了葡萄糖，大脑才能思考，集中注意力。而孩子的脑部还没发育完全，各种神经细胞忙着构建网络，活动量大，时刻需要葡萄糖的供应。虽然脑的重量只有身体的2%，但在热量的总消耗中占高达20%，堪称"大胃王"器官，婴儿脑消耗的热能占其总基础代谢的60%左右。所以，大脑需要充分的葡萄糖，父母要保证孩子摄入足够的主食或者碳水食物。

另外，血清素是一种能让人愉悦的神经递质。血清素的来源是一种叫作色氨酸的氨基酸，而葡萄糖能帮助色氨酸到达脑内。摄取适量富含色氨酸的蛋白质和砂糖等甜食，可以有效地合成血清素，有助于大脑和心灵的安定。这也就是为什么吃甜食会让人心情愉悦。

综合来看，糖果之于孩子，意义非凡，如果父母简单地制止孩子吃糖，会剥夺孩子许多乐趣，甚至可能影响孩子的发育。

原则二：认识各项活动对孩子发展的价值

如果父母不知道一件事之于孩子的意义，简单地从表面来看问题，往往就会把一件事划分到制止型或者警告型中。反之，父母可能就会愿意多付出一点努力，做出一些替换、调整或者加上一些限制之后再允许孩子去做某些事。

孩子对水和沙子没有丝毫抵抗力。只要给他们一个小水坑或者一个小沙堆，孩子们就可以玩上好几个小时。玩沙玩水似乎有一种磁铁般的魔力，紧紧地吸引着孩子们的注意力，让他们玩得不亦乐乎。但是，许多父母不愿意让孩子玩水玩沙，尤其是玩沙，原因很简单：脏！不出意外，孩子只要玩水玩沙，不一会儿衣服、鞋子就被弄脏了，小手也黑乎乎的，像个小泥猴。

可是，玩水玩沙对于孩子确实意义非凡。水和沙子是流动的，没有固定的形状，类似于一种变幻无穷的玩具。水，可以静静地流淌，可以被装进不同的容器，可以溅起水花。沙，可以踩在脚下，可以抓在手中，可以放进水里。水和沙子形态变化多端，玩法多种多样，不仅可以满足孩子想象和创造的需求，还可以给孩子带来巨大的空间感和流动感，同时锻炼孩子的专注力。沙和水是天然的玩具，比其他任何玩具都更能启发孩子的心智。可以说，没有痛快地玩过沙、玩过水，孩子的童年是不完整的。

相信了解了玩沙和玩水之于孩子的意义后，下次当孩子再次见到水坑、沙堆流连忘返时，父母会多一分耐心，多一分包容。

如果父母实在忍受不了孩子把衣服、鞋子弄脏，也可以想一些替代的方法。比如，面对爱玩水的孩子，可以给他准备一个盛满水的大盆和一些小船、小鸭子、小皮球等能够漂浮的玩具，让他置身于水的世界里。我们也可以引导孩子玩出花样，比如用手指在水中画圈、用杯子盛满水再倒进水盆去，也可以把一些不怕水的玩具放进水中，看看哪些玩具会沉下去，哪些玩具会浮在水面上。同时，在给孩子洗澡的时候，不急于让他赶紧洗完，让孩子适当地在浴盆里玩玩水。

孩子喜欢玩沙，如果靠近海边区域，可以经常带孩子在海边玩耍，给孩子提供一个铲子和小桶，让孩子能够按照自己的想法挖沙，但是也要注意，不要让孩子把沙扔向别人。也可以专门去海边拉一些沙子回来，放在专门的沙箱里供孩子玩耍。如果所住的小区里有沙坑，可以让孩子穿上耐脏的旧衣服玩个痛快。

办法总比问题多。父母想办法解决一下"脏"的问题，让孩子拥有一个完整的童年，不是很值吗？

原则三：遵守社会规范

在分类的过程中，父母除了着眼于孩子的发展，还要注意引导孩子遵守社会规范。并不是所有利于孩子发展的行为都是可以被允许的。不能因为对孩子发展有利，就破坏集体的利益。

傍晚，上了一天网课的孩子们就像下饺子一样飞奔出来，这下，小区里的草坪遭了殃。许多孩子罔顾"小草青青，踏之何忍"的提醒，不断钻到草丛里。草坪很快就变成了一个个"地中海"，超级难看。

我对我家两个孩子说："去楼下玩可以，但是坚决不可以进草坪。进一次草坪，就要从这个星期的零用钱中扣一元。"也就是说，我将进草坪看作一个制止型/警告型行为。我还鼓励我家孩子做环保小卫士，看见别人进草坪要提醒对方"下次不要进草坪"。

有一次，有个孩子在玩躲猫猫时躲进了草坪，我家孩子善意提醒，被说成"多管闲事"。他的父母就在旁边，没有及时制止，这说明他的父母把这个行为划归到赞许型/赞赏型中，恰巧物业管理人员从旁边路过，给这个孩子录了像，他的父母因此被罚款。

这样的例子比比皆是。孩子未来是要走向社会的，必须遵守社会规则，能和谐地融入社会，有良好的同伴关系和社会关系。家长不能因为孩子小，就纵容他做一些违背社会规则的事。

《伊索寓言》里有个故事叫《小偷和他的母亲》，我印象非常深刻：

和母亲相依为命的孩子先是偷了同学的写字板。因为第一次作案，他很害怕、很慌张，母亲却说："有什么大不了，反正你同学又没看见，以后那个写字板就是你的了。"没几天，他经过一户晒衣的人家时，又给母亲偷了一件漂亮的外衣。再一次作案，他坦然了许多，而穿上合体外衣的母亲一个劲儿夸他能干。后来，他胆子越来越大，四处作案，成了一名惯偷儿，钻进国王的金库行窃，被抓现行判处死刑，当即被押赴刑场。他母亲知道后，跟在后面捶胸痛哭。临死前，小偷说，他想和母亲说几句悄悄话。母亲把耳朵凑上去，小偷张开嘴，狠狠地把她的一只耳朵咬下来，恼怒地说："小时候，在我第一次偷写字板时，你如果揍我一顿，教导我这是不对的，并且让我改正错误的话，我会到今天这地步吗？"

这个故事里小偷的话意味着，如果母亲在孩子犯错后及时纠正孩子的行为，就不会助长孩子偷东西的恶习，也不至于年纪轻轻就要赶赴刑场。

总之，遇到具体情况时，父母需要在遵循这三个原则的基础上，再仔细斟酌，多多思考，尽量把孩子的行为划归到合适的类型中，才有助于后面给出恰当的回应。

回顾与思考

※ 根据**象限图**将孩子的行为分类。

竖轴是"教育观念"，是精神层面的，也是父母在观念上是否认可孩子行为的动机，认可孩子行为的合理性。横轴是"现实条件（或损失）"，是物质（现实）层面的，指父母实际可以接受孩子行为的限度。

※ 对于需要家长回应的孩子的行为，根据行为是否完成又可以分为两个大类：正在进行的行为和已经发生的行为。

正在进行的行为分为四种类型：赞许型（观念允许且现实条件具备），替代型（观念允许但现实条件不具备或损失不能接受），限制型（教育观念不允许但可以接受），制止型（不允许也不能接受）。已经发生的行为分为三种类型：赞赏型、谅解型和警告型。

※ 对同一行为，家长的标准不同，划分的类型不同。

在遇到具体情况时要仔细琢磨，认真思量，尽量保证行为分类的合理性。

※ 在分类的过程中，家长非常容易犯的错误有两个。

一个是把太多替代型及限制型/谅解型行为划分到了制止型/警告型中；一个是过度放任许多应该有所限制的行为，没有及时调整，从而导致孩子的行为缺乏约束。

※分类要遵循三个原则。

原则一：理解孩子行为背后的内在需求；

原则二：认识各项活动对孩子发展的价值；

原则三：遵守社会规范。

思考与实践

1.请试着找出一个对孩子同样的行为，你与其他家长分类不同的例子。

2.请试着找一个自己的教育观念发生变化，行为分类也发生变化的例子。

第5章

回应正在发生的行为

不轻易对孩子说"不"，就是在努力给孩子争取成长的空间。

—— 一位5岁女孩的妈妈

可以做，但要变通——替代型行为回应策略

你是不是经常阻止孩子的某些行为？因为这些行为总是让人不可接受，比如打人、玩水、玩剪刀等等。其实，孩子的许多行为乍一看不可以做，但只要稍微调整一下，或许就变得可以被允许了。

比如，不可以打人，但可以戴上拳击手套打沙袋、捶枕头；不可以在客厅里玩水，但可以去卫生间或者在有安全保障的情况下去海边玩水；有急事想要出门时不可以玩玩具，但外出回来没事时可以安静地玩；不可以拿真刀切菜，但可以买一套过家家专用的厨具……这类经过调整便可以被允许的行为，我们称之为替代型行为。父母需要多多开动脑筋去思考，也可以和孩子一起想替代方案。

灵活转换：有效控制的同时让孩子畅快玩耍

换个时间再玩吧

有位爸爸带着孩子专门去上海的迪士尼乐园玩。机票、住宿、门票，花了小一万块，这还不算，因为人特别多，入园又排了很长时间的队。好不容易进去了，结果孩子看到草地上一队蚂

蚁在搬家，感到很好玩，就趴在地上看起了蚂蚁搬家。这位爸爸很佛系，"看啥不是看，看蚂蚁搬家也很好呀！"于是他带着孩子观察起了蚂蚁，一看就是大半天，在迪士尼没玩几个项目就回家了。

初次看到这个故事时，我还没有孩子，觉得这简直是"尊重孩子"的典范，父母就应该这样做，要随时观察孩子的喜好，尊重孩子的兴趣。

可当我也成为家长之后，我的想法就慢慢发生了变化。

假如是普通的周末，带着孩子到户外随便逛逛，我可以做到陪着孩子趴在地上看蚂蚁，甚至还能给孩子买个蚂蚁"养殖场"，让孩子专门养蚂蚁、观察蚂蚁。可是，假如我带孩子去一个目的性很强的地方游玩，花了时间研究攻略，在时间、金钱以及要达到游玩目的的三重压力下，我做不到那位爸爸的淡定，也不觉得在那种情境下不让孩子看蚂蚁就是不尊重孩子。恰巧，我遇到过一个类似的场景。

有一次，我爸妈来我家小住，我带着老人和孩子们一起去野生动物园玩。门票不便宜，一个人将近200元。到达目的地之后，还没看到动物，孩子们就看到路边的一个小湖，水里有一些小鱼游来游去，春天刚到，在家里窝了一个冬天的孩子们一见到水就兴致勃勃地非要去抓小鱼，可是小鱼游得很快，不容易抓到，孩子们没什么收获，悻悻地不愿离开。

陪着孩子继续抓小鱼，还是带着老人游动物园？老人看孩子喜欢，就说："没事没事，让他们抓吧，难得孩子们喜欢。"可是，在那种情境下，我觉得一直让孩子捉小鱼，老人干等着有点不太妥当。但孩子们兴致勃勃地蹲在河边，不停地进行各种尝试，专注地盯着湖面，看到水面有一点波动就兴奋地尖叫，他们的一系列行为都在告诉我，孩子对在水里抓小鱼有极大的兴趣。于是，我对孩子们说："是呀！一个冬天都没玩水了，见到水真想痛快地玩一玩！"孩子们频频点头，"是呀！是呀！"

孩子想要玩水本身没什么不妥，只是这个时间不太合适，只要换个时间就可以了，属于替代型行为。回应替代型行为的总原则是少说"不"，多说"好的，可是……"。

于是，我邀请孩子们一起想办法。我说："抓小鱼、玩水，确实很好玩，可是咱们没带网子，是捉不到这种小鱼的。咱们下次带网子出来，我带你们专门找个地方去捞小鱼，捞好多好多！可是现在，前面还有大象、大老虎、斑马、长颈鹿……好多好多动物等着咱们呢！咱们是在这儿继续玩，还是快点去看它们呢？"孩子们一听，来了劲儿，"当然是去看动物啦！妈妈，我们快去吧！"于是，孩子们又蹦蹦跳跳地上了游览小火车，高高兴兴地去看野生动物了。

孩子们很可爱，有时候，一点水就能令他们兴奋不已，让他们专注地玩上好久。同时，他们的兴趣又非常广泛，对这个广袤的世界充满了好奇，我们不必因为孩子一时的投入而觉得不敢打扰，孩子玩什么都很专注，专注就是他们的本性呀！

有的家长会说，我家孩子不像你家孩子这样容易转移兴趣，跟他很难商量，他认准的事情就一定要干，干不成就撒泼耍赖，不达目的决不罢休。换个时间？没门儿呀！他压根听不进去。

是孩子本性固执吗？我家孩子为什么会痛快地离开让他们兴奋的水和小

鱼而踏上看野生动物的小火车呢？

我首先"看见"并肯定了他们的需求，对他们兴奋的情绪进行了共情。"一个冬天都没玩水了，见到水真想痛快地玩一玩！"我没说"抓小鱼有什么好玩的，咱们还是去看野生动物吧"，而是说"是呀，抓小鱼确实很好玩"。可是现实条件是我们没有网子，抓不到，我的表述是中性的，说明了一个客观事实，不带对错判断，孩子们也认可。

然后，我跟孩子"画饼"，"咱们下次带网子出来，我带你们专门找个地方去捞小鱼，捞好多好多"，光这句"捞好多好多"就让孩子内心感到十分满足，即便现在没捞到鱼，也足够了。

我又把现实情况摆出来，"前面还有大象、大老虎、斑马、长颈鹿……好多好多动物等着咱们呢！"并且邀请孩子们决定："咱们是在这儿继续玩，还是快点去看它们呢？"让孩子自己做决定充分满足了孩子们的自主感，并且他们也很乐意去看野生动物，所以，孩子们就顺水推舟，走向了本来要去的地方。在整个过程中，我没有说一个"不可以"，孩子的能量一直处于流动的状态，他们顺着自己的兴趣点往前走，而不是大人在拖拽或者推拉，一切就显得自然而然了。

我想，那些跟孩子商量不通的父母，一定是否定了孩子的兴趣，孩子不高兴了，想要通过行动来证明"这个事情就是很好玩"，所以才执拗地不愿意离开。肯定孩子的需要，并说明客观条件，孩子一般是会接受换时间的。如果孩子当时不能立即被满足，肯定会有失落感，父母要共情孩子的这种失落感："是呀，真的很想现在就玩，等别的时间感觉要过很久。"孩子的失落被"看见"了，也没什么可反抗的，往往就会撇撇嘴接受现实，说："算了，没办法，我还是耐心等待吧！"

换个地方玩吧

换地点比换时间更容易被接受一些。因为换时间一般需要耐心等待，而换地点则不需要等待太长时间，父母快速想到一个可以替换的地点，跟孩子商量，如果孩子也同意，那就完美解决了。

比如孩子学爬。一般到八个月左右，孩子就开始进入爬行阶段了。爬对孩子有诸多好处，比如手脚并用能锻炼孩子的四肢协调性，促进血液循环，增强呼吸系统功能，各种感觉（如视听觉、空间位置感、平衡感等）也都能得到有效锻炼。如果孩子不会爬或爬得少，可能感觉统合失调，容易出现笨手笨脚、注意力不集中等情况。

女儿柔柔小时候是小区的名人。自从她学会爬，就再也不肯老老实实被我们抱着或者窝在小推车里了，她总是满小区爬。来来往往好多人，有好心提醒的："地上多脏啊！"有打趣的："瞧你妈妈多狠心呐，把你撂地上！"

说到脏，有个小姑娘的形象就冒了出来。我曾两次以驻场心理师的身份带队去草原亲子游，有个地方沙子细细软软的，我带着一帮小朋友玩疯了，但有个穿得整整齐齐的小姑娘一直站在旁边看，她似乎也极眼馋这样的欢闹，可克服不了心理障碍——脏，因为这些沙子里有些小羊屎蛋。那会儿我还没孩子，这个小女孩的形象就印在了我脑子里，时时提醒我：养孩子不能嫌"脏"，那会让孩子失去很多快乐。

学爬也不那么容易。都说"三翻六坐八爬"，柔柔八个月才会翻身，九个多月了还不会爬。见到喜欢的东西，就猛地往前一探身，来个头拱地、腚朝天，急得吱哇乱叫。一开始，我听见她叫就把她想要的送到她手里，慢慢地，不直接放她手里，而是她使劲伸手就能够到的地方。一点点增加距离，她费的劲儿也越来越大。这个过程也是惊喜不断：一开始，只是伸手够，后来学会了拽床单，再学会鼓肚子，慢慢学会撅腿，一条腿拖拉着……

每天吃过晚饭，柔柔在前面爬，我和她爸跟在后面锻炼加神侃，捎带着瞄两眼前面带路的柔柔。路上遇到正锻炼的老人，她会停下来，两眼一眯，小嘴一噘，朝人家做个鬼脸；瞧见小姐姐在玩，她也停下来看两眼；爬着爬着还发现了好多宝贝：小石头、小树枝、小蚂蚁……

柔柔最爱玩球，看见拍球就兴奋地发出尖叫。我们故意在她前面拍个不停，她就卖力地往前蹿。有时，我们也跟她一起爬。据说，大人爬好处也多着呢！

柔柔奶奶说，不用刻意学走路，爬着爬着，自己就站起来走了。从四脚爬行，进化到直立行走，我们即将"亲眼"见证这一人类的巨大飞跃，好激动啊！

一岁的时候，柔柔就能利索地上下床。朋友见了她的利索样儿，都问"这娃是专门练过的吗？"

有一天，我带柔柔到游乐场玩，她顺利地爬上爬下，有位妈妈十分羡慕，说她闺女大动作发展不好，不大协调，虽然比柔柔大几个月，但明显看着不利索。我问她，"是不是没爬？"那位妈妈说："是呀，没爬，就直接走了。"

柔柔确实很少摔跤。遇到一些她觉得过不去的坎儿，她就趴下，爬。有一天，她参加了一次某婴儿用品品牌举办的爬行比赛，稳稳地夺冠！柔柔很早就学会了爬单杠，手脚并用，像小猴子一样，很好玩。

现在，柔柔上二年级了，体育老师说她是"体育怪物"。仰卧起坐一分钟能做67个，是二年级纪录保持者。跳绳一分钟210个，体前屈、跑步也都是学校里的佼佼者，我想，这与我在她小时候对她的引导是分不开的。

我学过儿童发展心理学，深知爬对于婴幼儿成长的意义，因此大部分时候，我会允许孩子爬，除非环境太脏，我会把女儿抱离，让她到稍微干净的地方爬。对于小孩子来说，运动就是大脑发育的过程。如果仅仅因为"脏"就阻止孩子爬，那对孩子来说将是一个巨大的损失！其实，这是个典型的替代型行为，如果觉得在小区的地上爬太脏了，父母可以在家里准备一个爬行垫，或者勤快一点儿把地板用蒸汽拖把高温消毒，是可以有条件让孩子爬个痛快的。

对于孩子玩水，许多家长也挺纠结。担心弄湿衣服着凉、洒出水来摔着、浪费水等。

女儿一开始玩水，是在我的引诱下开始的。很多专家说过玩水的好处，我设想的是，接一盆水，给她一些瓶瓶罐罐，女儿就会蹲在地上，开心地倒来倒去。我看大侄子就曾经是这么玩的。我也做好了准备，衣服湿了没关系，再换就是了，相比玩水给女儿带来的欢乐，为娘辛苦点，值！

结果，从把女儿抱进卫生间那刻起，我就后悔了。她一眼就瞄到了哗哗流水的水龙头，对我接好的水看都不看。好吧，体验流动的感觉，那就来吧！女儿蹲在水池子边上，把手放在水流中，就那么静静地体验着。一开始我还挺自恋地想：真羡慕你啊，有这么一个好妈妈，能给你这样的机会与水亲密接触。可女儿似乎对这种流动的感觉十分痴迷，一分钟，两分钟……看着水这么哗哗地流走，我这个环保主义者内心忍不住了，而女儿似乎没有半点够了的意思。

我把水龙头给关了。结果，她又执拗地给打开。我只好允许水继续流淌了一会儿，那感觉就像我的血在流。快"流干"的时候，我又给关了。

她再次打开。

我试图把她引到接好的水盆边，撩起水花吸引她。她果真被吸引了，朝水盆这边过来。正当我心里美滋滋地想"小样儿，跟我比，你还嫩了点"时，女儿把水盆一下掀翻，拿着空盆继续去接水。

我对"衣服湿"做好了充分准备，却没对浪费水有任何预见，而女儿准确地把"刀"插在了我的心窝上。

这可怎么办？

我试图把她抱离，已经不可能了，她似乎已经迷恋上水流哗哗的声音。即使她去玩别的，听见水流声停了，她就自己爬过来给打开。我试图阻止，她就拼命地哭。

怎么办？怎么办？一岁半的孩子完全听不懂道理。

正当我六神无主时，老公跑过来，把女儿的衣服全脱了。小人儿不明就里，光着身子端着盆继续去接水。结果，水又溅了一身。凉得她打了个激灵，赶紧蹿进我怀里。我也趁机赶快把她抱走。感恩老公的智慧救场，让我不必因为无措而抓狂进而对娃发飙，他维护了我的温柔形象，也没有让娃哭得撕心裂肺，算是平安离场。

这次窘境给我带来的震动不小，迫使我认真思考下一步该怎么办。

首先是不能低估了女儿，不然，她会让我充分体验什么叫作"出人意料"。

再就是不能高估了自己，以为自己能包容、接纳得了女儿的一切行为——其实也没必要，人总是有底线的，而孩子也需要这种底线为她确认行为界限。我接纳自己"不能接受女儿浪费水"这事，因为"地球上的最后一滴水也许就是你的眼泪"这条标语已经刻在我骨头缝里了。现在教育女儿不能浪费水也不太现实，只能我自己先不"作"了，不再主动带她进卫生间挑战自己的底线。不光不主动，也一定随时关上卫生间门，对于一个还不会开门，兴趣往往取决于看到了什么的不到一岁半的小人儿来说，隔离是最好的方法。

当然，我也尊重女儿。她喜欢流动的水，于是，周末我赶紧带她去外面专门找这种流动的水。我们找到了好多，喷泉、高低起伏的小溪流、泉水，还有一家餐厅门口有一个大茶壶的造型，不断地往外流着水。我们彻底玩了个痛快。之后，女儿就没有再执着地开水龙头了。

对于我来说，接受不了"浪费水"这件事，所以无法让孩子一直开着水龙头体验流水的感觉。同时，我也愿意尊重孩子探索的需要，会带孩子到外面体验流水的感觉。换个地点，就巧妙地让大人和孩子的需求都得到了满足。

换个游戏伙伴吧

我很看重游戏力的培养，因此会经常陪着孩子们玩游戏。孩子爸爸也爱玩，因此我家经常是欢笑不断。但是，孩子们知道，爸爸妈妈陪玩的游戏是不同的。

我陪玩的游戏通常比较温柔，比如"孵蛋"：把孩子用一块布包起来，压在身子底下，"我生了一个蛋，我要把它孵出来。再有十天宝宝就要出生了。十，九，八……她是男孩还是女孩呢？好期待呀！好想看看他长什么样子。七，六，……二、一！破壳而出！"孩子开始迫不及待地蹬开布，先露出头，再露出手、脚，"哇！宝宝出生了。哇！很高兴你是个男孩/女孩，你的眼睛亮亮的，头发黑黑的，真帅气/漂亮！你好，我的宝贝，欢迎你的到来！"然后我会搂着孩子好好亲一番，各种抚摸，我们一起享受这种亲子间的亲密时光。

还有"小泥鳅"：我紧紧地抱住孩子，让他从我怀里挣脱。一开始，我会搂得很紧，让孩子使劲儿挣扎；最后，孩子总会从我怀里逃脱，他会觉得自己很有力量，很聪明。我们也经常玩"棉被山隧道"：我趴在床上，棉被盖在我身上，我的身体就成了一个棉被山隧道。两个孩子从隧道里一一爬过去，一趟趟地，乐此不疲。"摸瓜"：我蒙上眼睛，孩子在客厅里蹿来蹿去，任凭我怎么努力也抓不着……当然，我陪孩子玩的游戏还有很多，但大都是比较亲昵、温柔的。

爸爸陪玩的游戏就比较有力量。比如"登山"：爸爸拽着孩子的手臂，孩子从他的腿部开始一点点向上爬，最后爬到头顶，然后翻过来。"大摆锤"是爸爸带孩子去游乐场玩了一次之后回来发明的游戏：爸爸倒提着孩子，甩啊甩，很刺激，孩子通常吓得要命，又一遍遍要求玩。还有"打架"：俩孩子一起上，攻击爸爸；玩的时候，枕头、被子、玩偶、靠垫乱飞，有时爸爸被制服了，一个骑在爸爸身上，一个在旁边使劲儿"揍"……

这种时候我就在旁边观战。我不喜欢这种太激烈的游戏。孩子们也知道，想玩这种激烈的游戏时，就去找爸爸；后来，孩子也会跟爷爷玩这种激烈的打闹游戏，玩得一身汗；而玩温柔的亲昵游戏时，来找妈妈。奶奶生病了，需要躺在床上静养，不能和奶奶玩。孩子想玩时，就会去找爸爸、妈妈或者爷爷，而跟奶奶说话，则像小大人儿似的，一板一眼的。

我也会跟孩子们说，这种激烈的打闹游戏，仅限于和爸爸、爷爷玩，不可以在外面和小朋友玩，他们不懂游戏规则，不了解分寸，容易弄伤对方。

许多家长可能不理解，这种打闹游戏不应该是禁止型行为吗？其实不然。《亲子打闹游戏的艺术》这本书中，列举了打闹游戏的各种好处：

> 游戏，尤其是互动性强的体能游戏（比如打闹游戏）会让孩子变得更聪明、情商更高、更受欢迎、更有同情心、身体更健康，也更快乐。打闹游戏能激活身体和大脑的多个部位，如调控情绪的杏仁体、处理复杂运动技巧的小脑、负责认知和决策的前额叶皮质……因此，每一次打闹游戏绝不仅仅是对身体有益，它

甚至通过对大脑发育的影响，促进一些宝贵品质的形成：合作、责任、正直、诚实、善良。

然而，在学校里，出于安全的考虑，打闹游戏是被严格禁止的。而家庭则是打闹游戏的最佳场所。所以，我倡导父母们多陪孩子玩儿打闹游戏，尤其是爸爸们，这正是向孩子们示范"强者如何控制自己"的好机会，是教孩子学会自控、公平和共情的极佳渠道。

换个玩法吧

有些家长不喜欢孩子们来家里玩，也不愿意让自家孩子去别人家玩，嫌太吵闹了。正因为如此，孩子们的社交越来越少了。

我喜欢孩子，也很喜欢孩子们来我家玩，为此，我把家打造成了一个游乐场。走廊挂上秋千，客厅没有茶几、电视柜之类的家具，把空间充分留给孩子们玩耍。阳台上还养了各种小动物，乐高、各种棋类玩具也是一应俱全。孩子们都十分喜欢到我家来玩。有时，一来一大群，五六个孩子。我十分欢迎。女孩子玩的游戏通常比较安静；男孩子玩着玩着就要开始混战模式：人手一把玩具手枪陷入"枪战"，各种跑动，激烈对战等。我担心孩子们的声音太大影响楼下邻居休息，通常会在他们想要玩这种枪战游戏时站出来，提议他们要么去楼下玩，要么玩安静点儿的游戏，比如大富翁、围棋、象棋或者牌类游戏，这随他们的便。

在家里不可以玩枪战类的跑动游戏，可以玩安静一点儿的游戏，这就是"换内容"；如果要玩枪战类游戏那就去楼下玩，这就是"换地点"。所以，同一个行为有多种替换方案，家长可以提出来，孩子们自由选择即可。如果仅仅因为害怕吵闹就禁止孩子们来家里玩，孩子们也会失去很多乐趣呢！

回应替代型行为的两条总原则

1.尽量少说"不"，多说"好的，可是……"

在养育孩子的过程中，我秉承的一个重要原则就是尽量少说"不"。

一是因为如果父母过于频繁或者随意地说"不可以""不能做那个"或者"住手"，你会发现孩子们十分昂扬的兴致和热情一下子就被阻断了，就好像泄了气的皮球一样，情绪瞬间低落下来，仿佛被冰冻住了一般。接下来，孩子会感觉烦躁和些许愤怒，你再提什么要求，他就不情愿配合了。渐渐地，"不可以"的约束力下降，孩子们可能开始对父母的话采取听而不闻的态度，甚至还会做一些破坏性的事情来发泄心中的不快。这就好比经常使用抗生素，抗生素的效力不仅会慢慢地下降，还会对身体有破坏力。所以，可以把"不"留在紧急的、涉及原则性问题等非常必要的时刻再用。

许多家长带孩子时，会经常把"不"挂嘴边，"不可以玩水""不可以跑跳""不可以追逐"……孩子老老实实地待在家长身边是安全了，可这样的方式是以剥夺孩子的成长为代价的。孩子很可能因此丧失了许多探索、尝试和提高能力的机会。作为家长，不轻易对孩子说"不"，就是在努力给孩子争取成长的空间。

二是，"好的，可是……"这种表达方法的前半句"好的"是对孩子想玩、积极探索、乐于尝试的需求表示理解和接纳，甚至表达一种肯定和乐于支持的态度，"可是"一转折，引导孩子关注到自己的行为对环境可能造成的破坏或对他人可能造成的影响等各种客观情况，让孩子注意社会规则的要求和自己行为的适宜性。这时孩子就会很自然地停下来思考，负责任地寻找更合适的做法。

2.邀请孩子一起想办法

基于以上两点，我很少对孩子说"不可以"，而是会把问题摆到孩子面前，询问孩子为什么在当下的情境这个行为是不可以的、应该遵守的规则是什么，然后跟孩子一起思考，我们如何做才能既保护环境和遵守规则，又满足自己。这时，孩子的主动性会被激发出来，然后积极寻找解决问题的办法。我也常常为孩子们在解决问题过程中的创造性折服，这不就是创新最重要的体现吗？当孩子还小的时候，则需要父母发挥自己的创造性，来更好地解决"孩子的需求和规则的要求相冲突"的各种问题。

换时间、换地点、换伙伴、换内容是最常使用的替代调整的方向。

三个回应锦囊

要想把替代型行为回应得漂亮，父母需要灵活运用好下面这三个小锦囊。

回应锦囊一："让我想一想"

如果哪个父母动不动就板着脸说"不行""不可以"，他一定不招孩子喜欢。所以，做父母不能太死板，要懂得灵活变通。怎么变通？上面的案例给出了调整的方向：换时间、换地点、换伙伴、换内容。

如果思维流畅，可以尽量多想几个替换调整的方案，以供孩子选择。但也难免会有思维卡壳的时候。如果一时想不出替换调整方案也没关系，说一句"让我想一想"，就可以给自己留出思考的时间，也给孩子留下了希望和思考的空间。这样就比直接说"不行"有了更多的灵活性。

回应锦囊二："让我们一起想一想"

如果可能，尽量邀请孩子参与寻找替换方案，他们也更愿意接受自己想出来的方案，这和孩子亲自动手帮忙炒菜，吃得更多、更香是一个道理。

从长远的角度来说，努力寻找替代方案，是给孩子提供一种"面对困难不轻易放弃"的示范。为什么这么说呢？当孩子的行为与规则等发生了冲突，对孩子来说，这是一种困境。面对这种困境，对孩子说"不可以"是最简单的解决问题的方式，等于在说"我也帮不了你，放弃吧"。如果在孩子小的时候，父母经常这样做，孩子可能就会习得父母看待问题、处理问题的方式，长大后，面对一些困难的情境时，也会习惯性地对自己说"算了吧，做不到的"，面对一些需要去努力争取的情境，也总是会说"算了吧，不可以的"。而如果家长不轻易说"不"，取而代之地说"来，我们一起看看还有什么好办法"，孩子也会习得这种始终带着希望去寻求更好解决办法的态度。

回应锦囊三：肯定式沟通

回应替代型行为还有一个难点就是，父母煞费苦心地想出了替代方案，可孩子不愿意接受。所以，怎么说服孩子心甘情愿地接受替代方案也需要父母花一点心思。上面"抓小鱼还是看野生动物"的例子中，我想说服孩子们放弃抓小鱼、去看野生动物，我先肯定了孩子们想要玩水的需要，然后认可说"抓小鱼确实很好玩"，并且承诺有机会专门带他们去抓好多好多小鱼，又用野生动物引诱他们，经过这样一连串的肯定式、理解式沟通，孩子们就比较容易接受了。

如果我说："别抓小鱼了，没什么意思，咱们还是去看野生动物吧！那个更有意思。"就否定了孩子当前的选择，孩子极有可能会陷入与父母的权力斗争中，"哼，我偏不！我就要抓小鱼"。还有的父母看见孩子在客厅玩水，弄得满地都是水，心头一紧，把孩子批评一顿，再让孩子去卫生间玩，孩子的兴致被破坏了，也不会愿意替换。这些都是否定式沟通，沟通效果会大打折扣。

一般来说，父母的"好的"，会换来孩子更多的"好的"；父母的"不"，会换来孩子更多的"不"。父母要记得尽可能多地肯定孩子，给孩子增加正向的能量。当然，肯定孩子不是肯定孩子所有的行为，而是肯定孩子行为背后的需要，肯定孩子觉得很好玩的情绪状态，然后再指出孩子需要调整的内容。一般来说，经常肯定孩子的父母也会得到孩子更多肯定的回应。

很多人因为深受"家长制"之苦，抱持"一切以孩子为中心"的理念。其实，亲子之间需要平等地交往，不管是以父母为中心还是以孩子为中心，都违背了"平等"的理念。替代型的回应为实现亲子"平等"提供了方法，它让家长既能够尊重自己，也能够尊重孩子，达到一个很好的平衡点，家长们不妨一试。

回顾与思考

重点回顾

※ 回应替代型行为有两条总原则。

    1.尽量少说"不"，多说"好的，可是……"。

    2.邀请孩子一起想办法。

※ 换时间、换地点、换伙伴、换内容是最常使用的替换调整的方向。

※ 替代型行为有三个回应锦囊。

    1."让我想一想"：做父母不能太死板，要懂得灵活变通。

    2."让我们一起想一想"：邀请孩子参与，一起替换、调整方案。

    3.肯定式沟通：肯定孩子行为背后的需要，肯定孩子觉得很好玩的情绪状态，然后再指出孩子需要调整的内容。

思考与实践

    请试着就一件你原来认为"一定不可以"的事，尝试通过换时间、换地点、换伙伴、换内容，将其变成"可以"的行为。

当孩子提出一些我不太喜欢的要求时，比如想要喝碳酸饮料、想要吃方便面，我通常不会直接拒绝孩子，而是会用限制来表达拒绝。

—— 一位7岁女孩的妈妈

可以做，但有限制——限制型行为回应策略

美国批评家佩里曾说，"诗人们在创作诗歌的时候，其实都是在'戴着脚镣跳舞'"，他所谓的脚镣是指诗歌的格律；这句话同时道出了一个重要的人生哲理：人活着也是戴着脚镣跳舞。孔子也曾说，"七十而随心所欲不逾矩"。可见，自由与规则是一个人终其一生都要修炼的命题。生活中总免不了各种规则和要求，人不可能随性地想干什么就干什么，总归要有所限制。因此，父母有责任让孩子从小就明白，我们在社会上生存是有规则的，要学会在遵守规则的前提下"自由"地生活。

合理"画圈"：立规矩的同时让孩子获得满足

孩子想看手机时—— 限时

一位朋友曾向我求助：俗话说，老大照书养，老二照猪养。带老大的时候，我特别小心谨慎。书上说，经常看电子产品对孩子坏处多多，我就严格控制孩子看电子产品的时间，老大瑶瑶基本没怎么看过手机，抱着手机刷小视频的情况基本不存在。一有时间，我就带着她去楼下玩，她也享受其中；但是因为刷手机

少，其他孩子从小视频里学来的一些段子、故事，她都没有听过，也讲不出来，感觉似乎少了点什么。

到了老二续续，我的那股劲儿好像没了，管得也松多了。续续喜欢看手机，有时也会从小视频中学一些段子说给我听，他眉飞色舞的样子，真是可爱极了！我感觉自己也变懒了，不愿再费心费力地带着孩子去楼下玩了，而一般让姐姐带着他出去玩，有时玩一会儿他回来了，吵着要看手机，那就让他看吧！我有时也提醒他要二十分钟就起来活动一下，但他执行得也不太好。结果幼儿园体检时，老师发来的视力检查结果把我吓坏了：左眼0.5，右眼0.8。这么小就近视了？并且，带续续去上跆拳道课时，老师反映说，"其他都挺好，就是精力不太集中"。

我这才意识到长时间让孩子看手机意味着什么，也意识到该管管了。可是，续续已经养成了刷小视频的习惯，不让他看手机就各种撒泼耍赖、软磨硬泡，我感觉实在招架不住，这该咋办？

朋友的这种情况对于二胎家庭非常普遍，对老大管得紧，到了老二又管得松，走了两个极端。其实，养育孩子还得讲究中庸之道。不能过严，也不能过松。对于看手机的问题，我的建议是，不能想看多久就看多久，因为小视频的诱惑力实在太大了，不经意间一两个小时就过去了；但是也不能一点儿不看，视频是吸收知识的一种重要媒介，如果其他人都看，自己孩子一点儿都不看，反而成了另类，孩子也少了与同伴交流的内容。

怎么办呢？看可以，但要有所限制。比如不能黑着灯躺在床上看，不能歪着脑袋看，每天看的时间不能超过二十分钟。

我建议朋友回家和孩子就幼儿园的体检结果"借题发挥"一下，跟孩子深入聊聊应该怎么看手机，一起制定一份关于看手机的契约。同时也请幼儿园老师跟孩子说一下看手机太多造成的严重后果，孩子一般更愿意听老师的。

朋友照做了。她回家之后，先跟续续做了自我检讨："续续，妈妈之前没有管理好你看手机的问题，造成了你现在近视，妈妈感觉很抱歉，对不住你。"妈妈这样说话把续续吓了一跳——"妈妈竟然跟我道歉？"父母自我检讨，而不是一味地指责孩子，给孩子树立了勇于承担责任的榜样，孩子也不会觉得因为受到了指责而心生逆反。同时，这样说话也让孩子意识到，问题有点儿严重。

她又跟孩子说："我知道小视频很好玩，你也很喜欢看，但是如果不加以约束，一直看手机，眼睛会近视得越来越厉害。为了保护好眼睛，咱们得定一下看手机的规矩。"

续续表示同意，说："我老师说，看手机对眼睛不好，要少看。"朋友暗自窃喜，看来老师的话入耳了。于是，朋友继续添油加醋："对，对。科学家发现，看手机一次不要超过二十分钟，对眼睛的伤害最小。"孩子说："那我一次看手机不超过二十分钟。"妈妈又说："怎么知道不超过二十分钟呢？"续续说："二十分钟到了你提醒我。"提醒倒是也行，但是不如让孩子自己管理自己。于是妈妈主动提议给续续买个计时器。续续又问："有时候二十分钟到了，可是一集正好没看完，怎么办？"娘俩约定好，可以把那一集看完。另外，妈妈还提出了一些其他的要求，比如看的时候要坐在学习椅上，把手机放到支架上看。尽管不如躺在床上舒服，但是为了能保护眼睛，能继续看手机，续续也同意了。妈妈还特意为续续买了防蓝光眼镜。

同时，妈妈表示自己也有责任，承诺每天陪续续去楼下玩儿半个小时，周末带续续户外活动至少半天。

如果不能按照约定执行怎么办呢？

对于续续，如果当天没有按照约定执行，就取消第二天看手机的权利。对于妈妈呢，如果不能按照约定执行，就要给续续买一个玩具作为补偿。

于是，娘俩就这样制定好了关于看手机的契约，并且打印出来贴到学习桌旁边：

看手机的约定

续续每天可以看二十分钟手机，看手机时要用计时器定时，戴好防蓝光眼镜，并坐到学习桌前。如果时间到了，可以看完当集再结束。如果未按约定执行，取消第二天看手机的权利。

妈妈每天陪续续去楼下玩半小时，周末带续续户外活动至少半天，如未按约定执行，给续续买一个玩具作为补偿。

续续还专门为这个约定画了配图，贴到学习桌旁。

现在，续续想看手机了，就来跟妈妈说："二十分钟。"之后，拿着手机，戴着防蓝光眼镜，摁上计时器，坐到学习桌前就开始看了。妈妈也按照约定每天带续续去楼下玩。妈妈这才发现，因为续续比较小，那些大孩子不愿意跟续续玩，所以续续不喜欢在楼下玩。于是，妈妈带他去找幼儿园同学，有时妈妈也会带着他加入那些大孩子的队伍中。有续续妈妈参与，游戏变得更好玩了，于是小朋友们也因此更愿意和续续玩了，每天都来喊他下去。续续感受到被小伙伴们接纳，也越来越喜欢出去玩，不再那么迷恋手机了。

生活中还有许多需要限制时间的事情，比如在楼下玩耍的时间、晚上上床睡觉的时间等。有趣的是，限制会增加被限制的事情的魅力，所以，限制型行为不仅可以用来限制那种家长不太愿意让孩子做的事情，也可以用来限制孩子本来不太想做的事情。

> 我曾经看过一个教育小妙招：一个孩子的爸爸规定孩子每天只能写十个字。孩子会因为感觉机会难得，更喜欢写字。我在孩子练舞蹈、古筝时，也会采用这种方法。
>
> 女儿柔柔学习舞蹈、古筝，这两项技能每天都需要练习，不然就会回功、手生。但是每天放学回来，孩子要写作业、吃饭，还想下楼放松地玩会儿，时间有限，怎么办？我跟孩子说："只能练半个小时舞蹈，半个小时古筝。"学的舞蹈动作比较多，要想顺一遍没一个小时下不来，怎么办？那就只好一天练腿部功夫，一天练腰部功夫，还得抓点紧，不能磨磨叽叽的。有时到时间了没练完，那就不练了。要想练，那得从练古筝的时间里扣。

家长越是对时间斤斤计较，孩子越对这件事情有强烈的向往，有时没有做完就结束了，孩子心里会有一种未完成感，在心理学中这被称为"蔡格尼克效应"——人有让事情完结的倾向，所以总是心心念念地想要去做。如果家长总是催着或者无限量地加时间，容易让孩子产生一种厌倦和疲乏感，孩子就会开始厌烦。

孩子想吃垃圾食品时——限量

有一天，在楼下与甜甜妈聊天时，我们说起"垃圾食品"的问题。她对此管得很严，坚决不允许甜甜吃，像汉堡、薯条、薯片、可乐等孩子们都喜欢的"垃圾食品""垃圾饮品"，甜甜都上小学了，还没怎么接触过；就连饼干之类的食品，她也觉得里面防腐剂太多，很少让孩子吃，家里基本没有零食。

有句话说得好，"凡所压抑，必有所长"。当孩子终于等到选择自由的时候，她并不会选真正快乐的事或对自己好的事，而是去干一直没有机会或者担心以后再没机会做的事。甜甜来我家玩的时候，眼睛总是四处搜寻零食。看见零食就表现得想要又不敢要的样子。我会主动给她，她会很认真地品尝，舍不得吃完，脸上呈现出一种空前的满足感——甜甜的家庭条件不错，但是孩子却被养得像缺吃的一样，所以每次见了甜甜我都感觉有些心疼。

对于垃圾食品，许多父母都很纠结。放任不管，可能会影响孩子的健康，现在的"小胖墩"越来越多，跟吃垃圾食品过多有一定的关系；有些零食吃太多容易上火，影响免疫力。但是管得太严，又会让孩子有一种"缺失感"，毕竟，零食是孩子童年的美好回忆，也是孩子之间社交的一种"谈资"，是孩子"见识"的一部分。我经常听孩子们聊天，他们说起某一种零食，吃过的很快会产生共鸣，越聊越投机，没吃过的孩子就会一脸羡慕，咂着嘴馋得要命，回家央求父母给买——如果这时父母没给买，相信孩子内心会留下很大的缺憾。

有一次我给幼儿园老师讲课，课后有位老师来跟我咨询如何控制孩子吃垃圾食品的问题。她说她有个4岁的女儿，25公斤，女儿一想吃油炸的、高糖的食品时她就瞪眼睛，为了让女儿不再继续胖下去，一家人都控制孩子吃饭。实际上这样做她内心也挺纠结，因为她小时候被妈妈管得很严，什么零食都不让吃，所以上了大学之后，她突然发现没有人管了，就开始给自己买一堆零食，然后躲在宿舍里边刷剧边吃，这时她才发现这些零食实在是太好吃了，简直太让人幸福了。结果三个多月后回家，妈妈都不认识她了，因为她硬生生地胖了三十斤。后来她也尝试过减肥，可是由于管不住嘴，怎么也减不下来。

直到她当了老师，和几位老师一起去试工作服的时候，走到门口就听到里面的老师议论说："那几个小胖子就不用试了，穿最大号就行。""那几个"里就有她。这句话刺激到她了，于是，她才开始控制饮食、多加运动，拼命咬牙坚持，体重才减下来一些。现在，同样的问题又来到女儿这里。她一开始不限制孩子吃，可是看到孩子胖成这样，担心孩子再像自己一样胖成球，将来减肥又很困难，所以开始严格控制孩子的饮食。可是，即便她现在控制孩子的饮食，等女儿长大了离开妈妈，会不会也像当年的自己一样开始疯狂地吃个不停呢？女儿的女儿呢？这会不会成为一个轮回？

所以，别小看吃的问题。它对一个人的影响有时非常大。父母需要处理好孩子与食物的关系，不能管得太严，让孩子有残缺感，也不能一点不管，随孩子的便，父母需要借此类事情引导孩子学会自律。

对于垃圾食品，我不会拒绝让孩子吃，但是会有所限制。比如带气的碳酸饮料，我不会主动给孩子买，家里的大人也尽量不当着孩子的面喝。但是如果孩子看见别人家的孩子喝，也想要，我会给他买了尝一尝，但是同时也跟他说明白，碳酸饮料喝多了对身体有哪些害处。让孩子在满足的同时，也懂得如何克制自己。下次再选择时，我会引导他选择不含气的饮料作为替代品，因为尝过是什么味道，曾经得到过满足，孩子也会愿意选择更健康的食物。

有些孩子总是没完没了地要玩具，这也是令家长们十分头疼的一个问题。

我家老二顺顺是个玩具迷。什么玩具都喜欢，而且明明已经有了一种玩具还是想要。尤其是最近流行的奥特曼卡，总是没够。一领他去超市，看见奥特曼卡就抬不动腿了。见了新玩具，也是不停地央求买一个。我还好，可以做到拒绝他，知道即便买了他也就兴奋一会儿，满足一下新奇感而已，而且买太多玩具对他的成长不一定是好事。可是孩子爸爸无法拒绝孩子，每次单独带着顺顺出去逛，总要买个玩具回来。他说："如果你给他买了，他的那种兴奋劲儿会让你感觉他的整个世界都亮了，但如果不买，你会感觉他的整个世界都黯淡了下来。我不忍心拒绝他。"

其实，孩子爸爸的这种心态代表了一大部分家长：他们无法拒绝孩子，舍不得让孩子伤心。但是，不可能孩子想要什么玩具都给他买。现在的玩具越来越贵，孩子的胃口也越来越大；而且越是玩具多的孩子，越是想要玩具，因为他还没来得及对一个玩具进行深入探索，新的玩具又来了，导致新奇感过度发展，想要获得更多新的玩具。记得我们小时候，一个玩具要玩很久，有的还会陪伴我们很多年。我们和玩具之间建立起了深厚的感情，舍不得随意丢弃。现在的孩子虽然拥有许多玩具，却缺乏满足感，就是因为没有跟自己拥有的玩具建立起持久的感情。

在吃的方面，孩子一旦吃够了，就不太想吃了，欲望就会下降，我以为在玩具方面也是如此。因为顺顺总是要买奥特曼卡，于是我从网上给他买了一大盒，心想这下该满足了吧！

看到一大盒奥特曼卡的那一刻，顺顺无比满足，兴奋地说："你是世界上最好的妈妈！"然后就坐在地上一包包拆开，边拆边说"我太满足了"。可是，过了没多久，想要奥特曼卡的心又起来了。我意识到，在玩具方面，一次性满足的策略不是很有效。

于是，我决定开始给孩子"零花钱"。每人每周十元钱，怎么花自由支配。可以一次性花完，也可以为了心爱的东西努力攒钱。这个方法很有效。孩子有了自主权，看到喜欢的玩具，也开始愿意等待了。通过耐心等待得到的玩具，孩子也会格外珍惜，玩的时间也更长。

有的玩具比较贵，零花钱可能一时买不了，如果等待太长时间，小孩子也会缺乏耐性。我会让顺顺把想要的玩具写进心愿清单。孩子是感性的动物，想要的那一刻真的特别想要，写入心愿清单后，他们就会获得一种满足感。之后，我会不定期地从心愿清单中挑一件玩具买给他，让他体验到一种"我想要的东西终有一天是可以得到的"感觉。

家长一定要处理好限制和满足感之间的关系。限制并不一定会造成"不满足"，相反，有时还会更有满足感，就像耐心等待的玩具也会玩得更长久。但是如果发现孩子的满足感受到了影响，那就要先让孩子体验到满足感，再制定限制策略。如果因为限制而让孩子产生了匮乏感，就得不偿失了。

　　有一天，孩子跟我说："我看到邻居家的琪琪在吃大餐！"我问他是啥"大餐"，他说是方便面。我立马意识到，孩子在这方面是有"缺失感"的。于是赶紧给他买了一箱放家里，让他产生一种"富足感"。吃了几包后，他就不再关注方便面，看见别人吃也不那么馋了。

　　父母不可能样样东西都给孩子买，但是要传递给孩子一种感觉：只要是我真正想要的东西，我是可以得到的。这是一种内心的富足感。这种富足感会让孩子与外界世界之间建立起一种和谐的关系，也能够自由地享受这个丰盛的世界。我会不定期从心愿清单中挑一种玩具买给孩子也是为了营造这种感觉。

　　我有一个朋友，她小时候家境比较贫寒，丈夫也是普通的工薪阶层。好在俩人挺会过日子，在城市里也拥有了自己的房和车。但是，她内心中总是有一种"匮乏感"，总感觉自己不属于这样的生活，活得依旧战战兢兢，不舍得花钱，只要花钱就会觉得心疼。

　　她还时常陷入缺钱的恐慌中，总觉得自己哪一天会还不上房贷，房子会被银行收走。她也从来不下馆子吃饭，很少逛商场、看电影，就连买杯水都要考虑半天。虽然在城市生活，但是心却无法融入这个城市。

仔细观察会发现，这样的人不在少数。他们能"患难"，却不会"享福"。我们希望自己的孩子不仅要在没钱时懂得勤俭节约，更要在有钱时懂得享受生活，过上与自己的经济实力相匹配的生活。

孩子想要独自外出时——限地点

我家住封闭小区，比较安全，有时两个孩子想要下去玩，我又不能陪他们时，就会跟他们说："戴着电话手表，不可以出小区。"孩子们答应着就跑下去了。可是有一次，他们没有遵守约定，跟着其他孩子出去买冰激凌了。我发现之后，就按照之前的约定，扣了当周的零花钱。

从此以后，孩子们就乖乖地在小区里玩了。我有时候会出去看看，他们是否遵守了约定。有几次，我发现其他孩子们吵着嚷着要出小区时，我家两个孩子就会在跑到门口时停下脚步，自觉地退回来。

"不能独自出小区"这样的限制是出于对孩子安全的保护。但是父母不能以安全之名限制孩子的发展。限制条件是要随着孩子的能力、经验等增长而进行调整的。

有一次，女儿回来说："我也想像其他大哥哥大姐姐那样自己拿着钱去买东西。"我意识到，孩子有了新的需要。没问题啊！这是孩子长大的表现，我应该鼓励才是。于是，我就和孩子们商量讨论出门要注意什么、如何躲避车辆，俩孩子就自己拿着钱去买东西了。回来之后超有成就感。

再后来，女儿说"我想去隔壁的小区玩"。我也同意了，但是嘱咐她要戴好电话手表，同时约定好，如果出小区一定要事先跟我说，得到允许后再去。

父母要懂得为孩子画"圈"，告诉孩子在这里面活动是安全的。同时，父母也要根据孩子年龄、阅历的增长不断扩大这个圈，因为孩子的世界在一点点变大。当孩子还是婴儿时，父母可以为孩子买一个围栏，围栏里铺上爬行垫，放一些玩具，让孩子在围栏里自由地探索；慢慢可以扩展到整个家；再慢慢扩展到整个小区；之后就是小区周边、城市、国家……

我有一位男性来访者特别"宅"，工作换了一个又一个，都干不长就辞职了，后来干脆就不工作了，整天在家打游戏。他妈妈受不了了，拖着他来找我咨询。我跟他聊天，他说父母从小对他管得特别严，他不能独自出去玩，允许去的最远距离是从家到小卖部，现在自己都三十了还没独自出过省。这也难怪了。父母把圈画得这么小，孩子就习惯了在这样小的圈子里生活，他不太适应到外面的世界闯荡。世界太大了，他会有种失控感。

孩子想打游戏时——限内容

电脑游戏一定不能玩吗？也不见得。我对电脑游戏的态度是：可以玩一些单机版的小游戏，但最好不要玩大型的网络游戏。

大型的网络游戏容易让人沉迷：多样的环节和游戏模式设置会让游戏玩家感受到不一样的体验，从而极大程度上降低玩家厌倦的可能性，提升用户黏性；通常情况下，网络游戏中达到一定的级别或积累到一定的经验值，即会拥有相应的奖励，或者是一些虚拟的称号、尊位，这会让孩子产生极大的满足感，从而欲罢不能；另外，网络游戏都会组队，满足了孩子归属感的需要，有时孩子迷恋游戏其实就是迷恋这种团队中的归属感。所以，千万不要拿网络游戏考验孩子的定力。

而单机版小游戏的致瘾概率就小很多。游戏场景的设置是一定的，可能一开始玩也很上瘾，但是玩到一定熟练程度之后，游戏就会失去吸引力。

　　记得在大学念书的时候，我曾特别喜欢玩的一款单机游戏叫"植物大战僵尸"，一开始玩得非常疯狂，熬到半夜闯关，尤其是遇到比较难打的关卡，更是一遍遍地尝试直到通过为止。可是，等我拿到了金向日葵奖杯之后，游戏的魅力瞬间降低，基本就不玩了，偶尔玩玩也不再那么痴迷。

　　等我有了孩子之后，我老早就把自己最心爱的植物大战僵尸介绍给了孩子们。他俩都很喜欢玩，但是因为能力有限，玩不了多久就会遇到难以逾越的关卡，兴趣也会大大降低，然后过上一阵子再回过头来玩，又会前进几关。就这样，植物大战僵尸一直陪伴在他们成长的过程中。这款游戏也在一定程度上锻炼了他们的逻辑思维能力、排兵布阵的能力等，最重要的是，这款游戏让他们感觉到电脑游戏常伴他们左右，并不神秘。父母如果把游戏妖魔化，禁止孩子玩，孩子会对游戏充满好奇，有朝一日接触到游戏时就极有可能陷入其中无法自拔；而提前玩玩单机版的小游戏就像打疫苗一样，让孩子对游戏产生一定的免疫力。孩子们一面开心地玩，一面心里会觉得"我妈真好呀，还带着我玩游戏"，他们不会知道为娘的"小心机"。

玩电脑游戏就是一种限制型行为。不是一定不能玩，而是可以限制玩的内容和时间。生活中还有许多行为也属于限制型，比如看电视，可以看适合孩子看的动画片，而不能看成人的电视剧。

有一天在楼下玩时，突然听到一个孩子说了句："要想生活过得去，头上就得带点绿。"我问他在哪儿听的这句话，他说小视频里，我问他知不知道什么意思，他说不知道。

现在小视频平台非常火爆，孩子们喜欢看，同时也有可能刷到一些不健康的内容。父母不仅要限制孩子看手机的时间，更要限制孩子看的内容。父母要学会在"不经意间"了解孩子看了什么，也可以有意地陪着孩子一起看，更要给孩子推荐一些好玩有趣的内容，以率先抢占孩子的注意力。

一些家长会严格限制孩子在别人家吃东西。

有一天，柔柔有个要好的同学在我家玩，到了饭点，我做了牛肉丸炖萝卜，叫她一起吃。她一开始说"不吃，我妈不让"。因为她是女儿很要好的朋友，我一再地邀请她吃，并且跟她说："没关系的，一会让柔柔去你家，你再请柔柔吃。"她还是坚持说："不吃，我妈是真的不让。"后来，又实在忍不住想吃，就说："吃可以，那你别告诉我妈妈。"我答应了。

可是正吃着，妈妈来电话了，让她马上下楼。她迅速撒了一个谎说："阿姨刚给我倒了热水，太烫了，等会儿行吗？"妈妈说："没事，你把杯子放柔柔家就行。"无路可退了，她只好狼吞虎咽地吃了几口，然后迅速跑下楼，假装什么事情都没有发生。

看着孩子可爱的表现，我就在想，父母对孩子真的不能把命令下死了，否则就会滋生许多的谎言。尤其对于那些家长看不见的地方，更是要留一个"活口"。对于能否在别人家吃东西的问题，我跟孩子们是这样说的："陌生人给的东西咱们不能随便吃，因为可能不安全。单独去朋友家玩，如果别人给东西吃，你要是想吃，可以吃，但是回家之后要告诉妈妈一声。"要跟孩子说清楚针对不同的人有不同的反应策略，同时，要顺应孩子的天性制定限制策略，尤其注意要给孩子一个与家长保持交流的通道，有了这条通道，才不至于让孩子独立面对许多事情而不敢告诉父母。父母要成为孩子的支撑，而不是那个施加压迫的人。

回应限制型行为的两条总原则

1.用规则限制孩子

孩子们的一些行为是不恰当的，比如，一个不懂"红灯停，绿灯行，黄灯亮了等一等"规则的孩子会在马路上乱跑，如果不加约束，他的生命就会面临危险。父母又不可能天天跟在孩子身边，时刻保护孩子，如何确保孩子的安全？那就是把过马路的规则教给孩子，使其学会根据情况灵活判断。对于社会中的其他规则也是如此。

有些崇尚自由的家长不敢给孩子制定规则，担心孩子会被束缚。但实际上，人在社会中生存就是有各种规则存在。孩子将来是要走向社会的，在成长的过程中了解规则、学会遵守规则，是为以后走向社会奠定基础。孩子认识社会、了解各种社会规则的过程，就是社会化的过程。

规则之所以被创造出来，也是为了维护群体的利益，让我们的生活更加有秩序。规则确实比较"死板"，但是它给了大家判断的依据，让大家能够按照规则办事，某种程度上也就有了自由。适度的规则会让孩子更有安全感。假想一下，我们到一个地方，有两种情况：一种情况是主人什么都不说；另外一种情况是主人介绍清楚这里什么东西不能碰，其他随便玩。哪种情况我们会玩得更大胆、更自如呢？我想，有过这种亲身体会的人会懂得，第二种情况会让我们更安心。第一种情况看似自由，但实际上我们会有种隐忧，担心碰到什么不合适的地方，所以会有点放不开；而第二种情况虽然多了一些限制，但是让我们在内心中把那种隐忧放下了，我们懂得规则是什么，只要不违反规则就好了，我们会更加自如。同理，父母如果能在家里制定明确、一贯的规则，孩子知道什么能做、什么不能做，能够预料下一步会发生什么，孩子内心的秩序感就会建立起来，并且有助于增加孩子的掌控感和安全感。

所以，父母要学会制定规则，善用规则进行教育。

2.制定规则的良好方式——契约

如何制定规则呢？父母首先要明白的是，规则不是父母单方面对孩子施加的约束，而是要经过协商、讨论之后形成。

制定规则的良好方式是建立契约。契约是几个人（至少两人）之间就某些行事规则在相互商量之后达成的一种约定和协议。契约责任是以双方或多方自主选择为基础，体现签订契约方的承诺，意在共同遵守。契约体现在家庭中，则为家长和孩子就某些事项经过讨论、商量，最终达成一致协议，形成各种家庭规则。

孩子通常很喜欢与家长一起制定契约。因为这能让孩子感觉自己长大了，能与家长平起平坐了。孩子也非常有契约精神，一旦约定好的事情，有时大人忘了孩子也不会忘。

三个回应锦囊

回应锦囊一：我们之间有个约定

制定契约有两个重要的原则，一个是要平等协商，不可以父母单方面制定规则，那就成了对孩子的限制，最好是让孩子自己把规则制定出来，就像前面案例中，我的朋友和孩子制定看手机契约时，她没有直接说看手机不可以超过二十分钟，而是说科学家研究发现，不超过二十分钟对眼睛伤害不大，于是孩子自己说，"那我一次看手机不超过二十分钟"。用这样的方式制定的契约，孩子更愿意遵守。

另外一个原则就是不要轻易许诺，一旦约定了，就要尽全力去做到。父母不要觉得孩子小，就随意哄骗孩子。轻诺必寡信。父母信守承诺，孩子也会学着父母的样子信守承诺。跟孩子商定好后，可以拉钩，也可以把约定条款打印出来贴在显眼的位置，用这种有仪式感的方式让孩子重视自己的承诺，更乐于遵守规则。

回应锦囊二：用限制表达拒绝

上一节所讲的替代型行为回应策略是尊重孩子又尊重自己的一种有效策略，也是家长们可以经常使用的策略。但是，实际应用中经常会遇到一个阻碍是：孩子不同意换。尤其是对于两三岁的小孩子来说，他们很难听进去道理。他们没有时间概念，你说过会儿再玩或者明天去另外一个地方玩，他们的小脑袋瓜中听到的就是"不行"，所以常常会拒绝。但是，如果先痛快地答应他们，让他们沉浸地玩上一小会儿，哪怕时间很短，然后再提出换的要求或者通过转移注意力自然将兴趣转移，会比直接拒绝减少很多抗拒。

所以，当孩子提出一些我不太喜欢的要求（比如想喝碳酸饮料、想吃方便面、沉迷于游戏不愿去做别的事）时，我通常不会直接拒绝孩子，而是用限制来表达拒绝。我会说："好的，那就喝一杯。""好的，那就玩五分钟。"

有件事我记得很清楚。儿子顺顺两岁半左右的时候，我们跟朋友约好了一起出去玩。收拾好下楼的时候，顺顺看到了放在楼道里的滑板车，就想玩。我跟他解释："没时间了，我们要迟到了，等我们回来再玩。"可是两岁多的小孩根本讲不通道理，他不听，必须要玩。我只好妥协："那就玩一会儿吧！"他玩了一分钟，看我们都已经上车等他了，就乖乖放下滑板车来找我们了。

顺顺晚上睡前有听音乐的习惯，而我不喜欢听，感觉有音乐反而睡不着了。有一天，我白天比较累，就先躺下睡了，但顺顺想让我帮他放音乐。我闭着眼睛说："对不起，妈妈累了，咱们今天不放音乐了直接睡吧。"结果，他躺在床上翻来覆去半个小时也没睡着，弄得我也没法睡了，问他为啥还不睡。他哭哭啼啼地说不听音乐睡不着，我只好起来帮他放音乐。也就放了五分钟吧，他就睡着了。我心想："早知道一开始就放了。"

从这两件事我意识到，与其与孩子对抗，不如顺势而为，让孩子先去做他想要做的事情，然后再想办法引导，这样会减少孩子的对抗。

那么，不直接拒绝会不会显得父母很没原则？其实，我不建议父母在养育孩子时太有"原则"。原则是死的，孩子是活的，到底什么能做、什么不能做，孩子需要一个探索的过程，慢慢才能建立起内心的规则。如果孩子没有自己经历过探索，就把父母的原则当成自己的原则，那和鹦鹉学舌有什么区别呢？让孩子适当触犯一下父母的原则，品尝一下自己行为的后果，慢慢就会形成自己的原则。

回应锦囊三：用限制表达连接

限制是一种拒绝，其实也是一种连接的方式。

我的不拒绝，就是让孩子有一个与自己想做的事情产生连接的机会。可能量不多或者时间不长，但是去做了和一点都没做，给孩子内心留下的是两种截然不同的感觉。

电影《查理和巧克力工厂》中，威利·旺卡为什么这么醉心于巧克力的制作？那是因为他的牙医爸爸对他吃糖进行了严格的限制。有个十分搞笑的画面是，万圣节孩子们都去各家要糖，可是威利·旺卡却要带着父亲精心设计的恐怖的牙套，一颗糖都没法吃。回家后，爸爸当着小威利·旺卡的面把他要回来的糖果扔到了壁炉里。就是这样严格的限制，让小威利·旺卡心中对糖果有一个很深的"空洞"，黑色的童年造就了彩色的梦幻巧克力工厂。虽然算小有所成，但是威利·旺卡并不快乐。因此，我不建议父母过于严格地限制孩子，有限制地松动一下，也未尝不可。

我也会用养育孩子的方式对待自己。如果我想吃一个东西，而这个东西又特别贵，感觉囊中羞涩，那我不会对自己说"算了吧"，而是会少买一点。其实花不了多少钱，但是又可以让自己与这个东西有所连接。因为我知道，如果我不让自己买，那个东西就会在心里留下一份渴望，一直挂念着，而一旦尝过了，那种想要得到它的渴望就自然被放下了。如果我想要做一件事，我也会重新计划好手中所有的事情，尽快行动起来，起码开个头，然后这个种子就会自然地生根发芽。

这种"不对抗"的方式渐渐成了我的一种人生哲学。如果一直说"不行"，能量就会处于对抗状态中。但是通过给能量一个小出口，那股对抗的力量自然就消解了。这让我减少了许多与孩子的冲突，也让自己减少了许多拧巴和纠结。

※ **限制型行为的回应有两条总原则。**

　　1.用规则限制孩子。父母要学会制定规则，善用规则进行教育。父母如果能在家里制定明确、一贯的规则，孩子知道什么能做、什么不能做，能够预料下一步会发生什么，孩子内心的秩序感就会建立起来，并且有助于增加孩子的掌控感和安全感。

　　2.制定规则的良好方式是建立契约。契约体现在家庭中，则为家长和孩子就某些事项经过讨论、商量，最终达成一致协议，形成各种家庭规则。

※ **限制型行为的回应有下列方法。**

　　1.限制时间：比如看手机、玩耍等。限制时间不仅可以用来限制家长不太愿意让孩子做的事情，同时也可以增加一件事情的魅力，让孩子更愿意做一些本来不太想做的事。

　　2.限制量与次数：比如吃垃圾食品、买玩具等。家长要注意处理好限制和满足感之间的关系。如果发现孩子的满足感受到了影响，那就要先让孩子体验到满足感，再制定限制策略。如果因为限制而让孩子产生了匮乏感，就得不偿失了。

　　3.限制地点：比如限制孩子独立在外面玩时不可以出小区。限制条件要随着孩子的能力、经验等的增长而不断调整。

　　4.限制内容：比如玩电脑游戏、看手机等。父母要懂得用一些可控的内容来抢占孩子的注意力。

※ 限制型行为有三个回应锦囊。

1.我们之间有个约定：制定契约有两个重要的原则，一是要平等协商，不可以父母单方面制定规则；二是不要轻易许诺，一旦约定了，就要尽全力去做到。

2.用限制表达拒绝：当孩子提出一些父母不太喜欢的要求时，父母不要直接拒绝孩子，可以用限制来表达拒绝。

3.用限制表达连接：给能量一个小出口，让孩子与自己想做的事情产生连接，这会减少许多亲子间的冲突。

思考与实践

请试着就一件你原来认为"一定不可以"的行为，通过限制时间、量与次数、地点或者内容，将其变成限制型行为。

我希望孩子们能活得柔软、顺和，直面自己的情绪，懂得取悦自己，同时又能顾及他人，不要伤害了他人还不自知。

——一位4岁男孩的爸爸

一定不能做——制止型行为回应策略

生活中有一些行为是不符合行为规范的，通常具有一定危害性，是一定不能做的，也是行为的底线。当孩子出现这类行为时，家长一定要及时制止，它们被称为制止型行为。但是，在制止孩子时，父母要注意方式方法，不可太过生硬，避免引发亲子冲突。

收放有度：守住底线的同时让孩子自由探索

教孩子自我保护，也允许小磕小碰

家长都怕孩子有闪失，所以经常告诫孩子这个不能碰、那个不能动，有点草木皆兵，让孩子感觉这也不行、那也不行，有时会故意逆反：你越不让干，我偏要干。所以，好钢要用在刀刃上。父母不要经常把"不"挂在嘴边，在对孩子说"不"之前，要先想一想，是不是可以变成替代型行为或者限制型行为，实在有必要，再说"不"。

有的人看孩子过于仔细：孩子想要走马路牙子，不行，会摔着的；孩子想要爬单杠，不行，万一掉下来怎么办；孩子想要一下迈两级楼梯，不行，会滚下来……其实，孩子想去做这些事，是出于探索的需要。他们需要用动作来探索这个世界，如果阻止这些动作，也就阻止了孩子的探索。不可否认，孩子的这些行为是有一定危险性的，但也不是不可预防：走马路牙子，掉下来也问题不大；爬单杠，家长只要在后面扶一把或者在旁边指导和保护就问题不大；一步迈两级楼梯，如果家长在身边保护也不会出什么事。

其实，孩子都有很强的自我保护本能。仔细观察，你会发现其实他们都懂得保护自己。

> 我经常带孩子在楼下的小广场玩。小广场上有一处攀岩，上面是一堵矮墙。我家孩子运动能力很强，可以攀岩上去之后，站到上面"噌"地跳下来。每每见到这种场景，有的家长就会大喊："我的妈呀，也不怕摔着。"如果她的孩子想要模仿，她一定是百般不同意。其实，我家孩子也不是一开始就行的。他攀岩上去之后，一开始是倒趴在墙上，把胳膊撑在矮墙上，腿先奔拉下来，慢慢找攀岩处的支撑点，然后再下来；数次之后，他可以不用支撑点，直接用奔拉下来的腿跳下来；后来，他就可以正着奔拉腿，胳膊撑一下然后往下跳；再后来就是直接往下跳了。我仔细观察过其他孩子，如果能力不够，他们是不会直接从上面傻傻地往下跳的。

有的家长会说："不怕一万，就怕万一，咱可不能冒着让孩子身体受伤的危险，还是别做这种危险动作为好。"这种心态有一点"因噎废食"的味道。想办法让孩子把不可能变成可能，这对增加孩子的勇气、帮孩子学会面对挑战，是一种很好的磨炼。危险其实无处不在，父母不能也不需要把所有危险都替孩子屏蔽掉，父母应该做到的是把谨慎的态度传递给孩子，同时还要怀着一种信任，允许孩子去自由地探索。

有一天，邻居家的一个姐姐跟我说："今天在广场上看见你家老二，跟爷爷坐在小凳子上，像个小大人似的。还没有见他这样安静过呢！"是的，我带孩子比较"放手"，老二小的时候跟着我从来不让领，总是蹦蹦跳跳地在前面跑，很活跃地进行各种探索。孩儿他爸说："孩子身上的伤都是你带着的时候磕着的。"我不否认。孩子磕磕碰碰是难免的，否则会失去太多探索的机会。所以，磕一下、碰一下我也接受。

爷爷来帮忙带孩子则小心得多。出门一定要让孩子牵着他的手，去广场玩也要待在他的身边不能乱走，生怕孩子磕着碰着，用他的话说"不担是非，不好交代"。他觉得自己是来帮忙看孩子的，孩子如果磕着碰着了是他的失职，所以会尽量把孩子圈在一个比较小的活动范围内以免受伤。这也是为什么许多老人带出来的孩子往往比较胆小，探索精神也不够。

当然，我也不是所有的事情都允许孩子去尝试。小磕小碰无所谓，但是对于孩子不知道的潜在危险，我肯定会第一时间制止，比如拿钥匙往插座里插、嘴里含着带小棍儿的东西乱跑、把小东西往耳朵里塞等，并且，我会在制止后跟孩子讲明为什么不能这样做。孩子往往也理解。因为我大部分时间都对孩子放手，偶尔的一句"不可以"，孩子会非常重视。

最重要的是，安全教育一定要做到前面。一方面能起到有效预防作用，另一方面也有利于孩子接受。孩子上幼儿园、小学后会在安全教育平台学习，家长一定要利用好这一点。在孩子没有出现错误行为之前，先给孩子看看其他孩子错误做法的视频，打打预防针，这比孩子自己出现不当行为后家长再去制止要有效得多。如果孩子提前学到了一些安全小常识，他们会感觉自己懂得很多，也能保护自己，非常有成就感；但是如果自己的不当行为被制止，他们会感觉自己好像做错了事情——两者产生的心理感受是完全不同的，前者会让他们更加愿意遵守规矩，而后者处理不当会产生"不服气"甚至"逆反"，效果就大打折扣了。

还有一点需要注意的是，家长的规则需要随着孩子的年龄增长而有所变化。

有一天，朋友来我家玩，看着俩孩子在玩巴克球，吓了一跳，说："可不能让孩子玩这种东西，前阵子看新闻说有个孩子误把巴克球当成五彩豆吞到肚子里，结果造成消化道穿孔形成内瘘，做了手术才取出来。"这则新闻我是知道的，也提前跟孩子普及过。买这个玩具之前我就跟孩子说好了，坚决不能把巴克球吞到肚子里，孩子答应了。我和孩子之间是有这份信任的，他们答应了我的事情就一定会做到，所以我才给他们买了。

我理解这位朋友的担忧。她家孩子才两岁多，还不太能听懂道理，即便听懂了，控制自己行为的能力也不够，但是我家俩孩子一个五岁多、一个八岁多，就问题不大了。家长要根据自家孩子的情况进行判断。

伤害了别人，不能一笑而过

男孩煜煜的妈妈有一天跟我聊天，说煜煜从一年级开始就说"小饭桌"有个叫菲菲的女孩总是打他。一开始煜煜妈妈也没在意，觉得小女孩肯定是和他闹着玩的，可是煜煜总是回来说，煜煜妈妈就去向小饭桌的老师求证，老师说菲菲确实是和他闹着玩的，不是真打，就是有时候会开玩笑似的用拳头揣他一下，两人其实玩得挺好，但有时菲菲恼了就会动手，倒也不重，就是那种撒娇似的打。煜煜知道菲菲是和他闹着玩，也不很生气，并且他知道菲菲是女孩，每次都让着她。可是时间长了，煜煜就有点不乐意了。后来，菲菲不在那个小饭桌了，煜煜也就没再提。只不过两人有时会在学校里遇见，煜煜见了菲菲就喊她"女魔头"，菲菲就会笑嘻嘻地过来假装生气地给他来一拳。有时菲菲老远看见了煜煜，也总会偷偷摸过来，冷不丁来一拳，算是一种打招呼的方式。

现在二年级结束了，煜煜在小饭桌上暑假班，后来菲菲也来了，煜煜就又开始纠结上了。说是校园暴力，也算不上；说是开玩笑，可身上又有点疼。这不像兄弟之间，你打我一拳、我回你一拳，算是打招呼，煜煜感觉回打菲菲也不合适，就不知道该如何是好，只能忍着，自己生闷气。

妈妈教了煜煜防身术，就是当别人打他的时候，抓住对方的手或者脚，让对方施展不了拳脚。煜煜试了试，效果还不错，但是偶尔也有失手的时候，身上还是会挨拳头。

我建议煜煜妈妈还是和小饭桌老师谈一谈，让老师和菲菲严肃地说一说，虽说是女孩，并且是开玩笑或者亲昵地打招呼，暴力倾向也不算严重，但是在男女平等的时代，对大家的要求应该是一致的，男孩不能随便亮拳头，女孩也是。我们很容易及时制止男孩的打人行为，而对女孩的打人行为比较容忍，觉得好玩或者像个"女汉子"之类的并不是严重问题，常常一笑而过。其实，女孩的打人行为给男孩也造成了许多困扰。我不止一次听男孩子说在学校被女孩打的经历，他们都表示很无奈。所以，这一点还是要引起家长和老师的重视。

后来小饭桌老师出面明确告知了菲菲行为规范，菲菲就不再把这种亮拳头的行为当作好玩的事，煜煜和菲菲也能开心地在一起玩了。

除了打人，比较容易让大人关注的就是孩子骂人的问题。当孩子出口骂脏话的时候，大人往往都是严厉地制止，有时还会厉声呵斥孩子。但这样做往往适得其反，孩子当着大人的面不骂人了，大人不在场时往往骂得更凶。其实，大人听见小孩骂人，最好不要过于严厉地批评孩子。认真、耐心、严肃地跟孩子讲明白，哪些话是不好听的话，我们不说，孩子能记住。下次当他说脏话时，跟他摇摇头，他就会心领神会地知道了。

有一天，我家俩孩子在楼下玩，我正好有事就没陪着他们。当我再下去时，一对兄妹来告状："阿姨，你家孩子骂人！"兄妹的爷爷也从旁添油加醋："就是，你得好好管管孩子，骂人可不行！"我转过身来问他俩骂人了吗，他俩点点头说"骂了"，同时也说"可是是他们先骂我们的"。这我信，因为我知道我家孩子不会主动骂人，倒是那对兄妹喜欢骂人，我不止一次听到过。但是，面对这种情况，我不能去指责对方，否则就会变成双方家长的对骂。我跟孩子们说："妈妈知道你们很少骂人，骂人肯定是有原因的，但是，不管是什么原因，骂人就是不对的。请你们先跟他们俩道歉吧！"我总是跟他俩说"敢于先道歉的孩子最勇敢"，我也经常会跟孩子们道歉，所以道歉对他们来说并不难，他们很快就转过头来跟那对兄妹说："对不起，我不该骂你们。"可是顺顺不甘心，就接着说："可是你们也骂我们了，也请你们跟我们道歉。"那俩孩子也道了歉。后来，他们又一起玩得很开心。孩子们总是这样，很快就和好了。

回家之后，我又跟孩子们说："我知道你们是不会主动骂人的，但是别人骂我们的时候，我们回骂也是不对的。那还有什么方法应对呢？"孩子们想出了好多方法：跟他们说不能骂人、装作没听见、跟他们说"返回"……我还跟孩子们分享了自己从《游戏力》这本书中学到的一个小游戏：

我让他们骂我。他们一开始不敢骂，后来顺顺大着胆子说了句"臭狗屎"，这是他最喜欢说的脏话。我听了之后就说："好吧，你随便说什么都可以，但是如果你敢叫我蘑菇头的话，你就是自找麻烦！"孩子当然会挑衅："蘑菇头！蘑菇头！"我就说："嘿！你麻烦大了！"说这话时，我的声调轻松、夸张，并不严肃，孩子们被我追着满屋跑。他们则一个劲儿"蘑菇头，蘑菇头"地叫着。跑了一会儿之后，顺顺说："下次别人再骂我，我就说，'哼，你随便说什么都可以，但是不能叫我特暴龙！'"柔柔也说："我就说，'哼，你随便说什么都可以，但是不能叫我冷酷的爱莎！'"我想他们是找到了我想向他们传递的那个点，不再被骂人的话激怒，而是试着化解矛盾，把骂人的挑衅行为变成好玩的游戏。

除了打人骂人这些比较明显的伤害之外，还有一些比较隐秘的伤害，孩子们可能并没有意识到，比如随口说出一些伤人的话，没有考虑别人的感受，因此，我们要随时引导孩子换位思考，学会共情别人，培养他们的同理心。

家有俩宝有一个很大的好处是比较容易培养孩子的同理心。我家俩宝的性格不太一样，老大比较执拗、说话直来直去，老二则灵活得多，嘴巴甜，同理心也更强，相信家有俩宝的父母会深有体会。这跟他们的出生顺序有一定关系。老二是看着老大长大的，在观察中就学习了更多。曾有一个二宝妈跟我说过一个很好玩的事："有一次老大没有收拾好房间，让我批评了一顿，自己回屋收拾房间去了。老二看见了，在外面一个劲儿帮我干活，嘴甜地说'妈妈，你看我乖吧'。"所以，在生活中，我会更注意培养老大的同理心。

放暑假了，老大有许多兴趣班都趁着暑假加课、考级之类，走不开。我工作比较忙，就把老二一个人送回外婆家度假去了。他倒是也喜欢去，外公外婆两人全职伺候他，变着法地做饭给他吃，带他出去玩，他玩得特别开心，经常跟外婆说："我在这太幸福了，都不想回家了。"可是，每次一开视频，他总还是想妈妈，免不了有点不高兴。

老大这边，我也会趁周末带她出去逛逛，毕竟放暑假，孩子需要放松一下。有时她吃了好吃的、玩了好玩的，就特别想和弟弟炫耀——弟弟能出去度假，她无法出去，心中也有小小的失落吧！她想通过炫耀找回内心的平衡。这时，我会制止她，跟她说："我知道妈妈带你出去玩，你特别开心，很想跟弟弟分享。但是如果换成你一个人在老家，妈妈带着弟弟整天到处吃喝玩乐，你会有什么感受？"姐姐想了想说："那我肯定会特别想家，想妈妈。"我接着跟她说："是呀，可是我们暂时不能回去接他，他是不是会特别失落和伤心？"姐姐想了想说："那我还是不要跟他说了。"打电话的时候，姐姐说："我在家整天上课，累死我了，我都想你了。也真是羡慕你，在姥姥家吃这么多好吃的，记得给我留点啊！"弟弟听后很开心，答应给姐姐留着。我听姐姐这样说也特别开心，她接纳了自己的现状，坦然面对自己的情绪，说出来的话也更加让人舒服。

一听人说"我这人说话特别直，你别介意"，我就知道接下来的话一定不好听，而且会判定这个人情商一般。明明知道接下来的话可能会伤到对方，为什么还要直接说出来呢？暂时缓一缓，尝试换一种表达方式，让双方都舒服不是更好吗？我经常跟孩子说："你说话之前，要先考虑一下，如果这句话放到你身上，你OK吗？如果OK，那就可以说，如果不OK，那就别说了。"

我希望孩子们能活得柔软、顺和，直面自己的情绪，懂得取悦自己，同时又能顾及他人，不要伤害了他人还不自知。

勿以善小而不为，勿以恶小而为之

五岁的顺顺每个周日都要陪着姐姐去上古筝课。家长等待区新上了一个太空沙玩具场，里面有许多模具，如各种小动物、各种食物等，还有顺顺最喜欢的恐龙。孩子们可以用模具做出各种太空沙雕塑，顺顺见了很兴奋，玩得不亦乐乎。他和其他小伙伴一起搭了个城堡，还做了各种动物，让动物们住在城堡里，还为动物们准备了各种食物。姐姐下课了，顺顺想要带一点太空沙和一个恐龙模具回家。他来征求我的意见。我跟他说："是呀，我知道你很喜欢玩。这的确很好玩，还有你最喜欢的恐龙模具。可是，如果小朋友每个人都带一点太空沙和模具回家，会怎么样？"顺顺说："太空沙就会越来越少了。模具也没有了。"我顺势说："对呀，如果没有了，大家还能玩得这么开心吗？"顺顺摇摇头。我又问他："你还想下次再来跟大家一起玩吗？"顺顺点点头。我知道，他听进去了。可是，他实在是太喜欢那个小恐龙模具了，舍不得放下。于是，我建议他用零花钱买一个。我们用手机拍下那个模具的照片，然后一识别，就找到了个一模一样的，同时还买了几个其他的模具，这下顺顺可高兴了。我借机又向他讲解了公共场合游玩的规则：公共的玩具不可以带回家，也不能破坏公共的游乐设施，要不然就没法和大家一起玩了。我故意把"大家"强调得重一些，让他意识到有些玩具是大家一起玩才开心。

孩子都是"自我中心"的，对于"公共"的概念比较陌生，这需要家长注意在生活点滴中进行引导。让孩子体验到"大家"的重要，并且愿意为了维护它而牺牲一点自己的利益。

公共环境本身是有教育性的。比如，孩子去了一个很安静的图书馆，如果大家都在安静地看书，说话时低声细语，孩子就会受到感染，自觉地放低音量，行为也不敢造次。但是，公共环境也容易有负面影响：有时，孩子本不会去做破坏环境的事情，但如果大家都不爱护环境，孩子也很容易有种"法不责众""破罐子破摔"的侥幸心态，从而做出越轨的行为。这时，父母就要善于引导孩子"勿以善小而不为，勿以恶小而为之"。

每次带孩子过红绿灯，总会遇到一些不遵守交通规则的人，有翻越护栏的、闯红灯的，孩子会问我："为什么他们可以过，我们不可以过？"我会跟孩子们说："他们这样的行为是不对的，也是不安全的，万一有车来了，容易出事。我们遵守交通规则是对自己最大的保护。"

平常我会教育孩子不能乱扔垃圾，有时候，他们在小区里的地上看到垃圾就会问："为什么他们可以乱扔垃圾？"我也会引导孩子："他们乱扔垃圾是不对的，咱们不能学，如果大家都这样，我们这个小区不就成垃圾场了？"我还会引导孩子帮忙把垃圾捡起来，扔到垃圾桶里。

许多孩子都喜欢在草坪里跑来跑去，我家的规矩是不能进草坪。孩子们也会觉得不解："凭什么他们能进，我们就不能？"我总是告诉他们："他们进草坪是不对的。大家都进草坪，草坪就会变得这边秃一块、那边秃一块，是不是超级难看呀？”我还会带孩子们去看，孩子们也觉得难看，于是自觉地维护草坪，其他小朋友进去了他们还会规劝。

经过这几件事，孩子们渐渐地知道，他们是他们，我们是我们，不是别人做的事情自己也要做。我们要依照自己内心的规则去做事。

热衷环保、公益的人往往有大格局，他们的眼光脱离了自己的小世界，有更广阔的视野、看到更远的未来，甚至能够把整个世界都拥入怀中。这样的人，路会走得越来越宽，人生也会更加丰富。所以，我愿意从小就培养孩子的这种关注外部环境的心态，建立起一种属于自己的环保意识，不随波逐流，坚守自己内心的规则。

这样做对孩子乃至成人来说都意义非凡。著名心理学家阿德勒倡导要把他人以及整个世界看成是一个共同体，当然，这个共同体不仅仅包括家庭、学校、单位、地域社会，还包括国家或人类等一切存在，时间轴上包括从过去到未来，甚至也包括动植物或非生物。这种把他人看作伙伴并能够从中感知自己位置的状态，叫作共同体感觉，它是幸福的人际关系的最重要的指标，也是一个人走出“自我中心”的有力保障。其实，每个人活着都会寻求一种“可以在这里”的归属感，这也是为什么有这么多人想要寻求认可、讨好别人。但归属感不是仅靠“在那里”就可以得到的，而必须靠积极地参与到共同体中。如果我们能够引导孩子找到这种共同体感觉，也就是为孩子在这个世界上生存找到了“立足之地”，孩子的内心就会生发出巨大的安全感和十足的力量感，这堪称父母送给孩子的最美的礼物了吧！

回应制止型行为的三条总原则

蒙氏教育中有三项基本原则：孩子在工作（蒙氏教育中将孩子的玩耍称为"工作"）的时候只要做到不伤害自己、不伤害他人、不破坏环境，其余一切自由。蒙台梭利博士提出的这三项原则非常容易理解，也十分具有可操作性。它划定了一个圈，父母可以据此判断是否需要制止孩子的行为；同时，父母也要通过生活的点滴把这三项原则教予孩子，让孩子学会辨别是非，知道什么是不当的行为。这样的规则教育有助于孩子形成自我判断，而不是简单地遵守父母设定的规则。

1.不伤害自己

一般来说，孩子不会故意去做伤害自己的行为，做出危险的动作多数是因为不自知。在有很多车的马路上跑来跑去、不遵守交通规则乱闯红灯、翻阅围栏、去顶楼玩、站在转椅上够高处的东西、边走边吃带签子的串、口里含着棒棒糖跑、玩火、在炉火旁玩耍、把小东西塞进口鼻……如果出现这些危及人身安全的行为，家长要及时制止，并抓住时机向孩子进行必要的讲解，说明后果，做好安全教育。

2.不伤害他人

伤害别人的行为也有许多，但故意伤害的行为并不多，多数也是因为孩子对于自己的行为可能造成的后果模糊不清：有时是出于生气、嫉恨等情绪，想出出气，如打人、骂人等；有时是出于恶作剧心态，觉得好玩、有趣，比如给人起绰号、嘲笑别人、把妈妈的化妆品拿来当玩具；有时是因为仅从自身角度考虑问题，忽略了别人的感受，比如想买东西就偷拿父母的钱、喜欢别人的玩具就把它拿回家、大吵大闹打扰别人工作和休息……家长如果发现了孩子的这些行为，要及时制止，并且说明原因，同时，这也是培养孩子同理心的好机会。

3.不破坏环境

不能破坏环境，一方面指外界的物质环境，比如不能随地乱扔垃圾、不能随地吐痰、不能随地大小便、不能践踏草坪等，另一方面指公共的人文环境，比如在公共场合不能说脏话、不能大吵大闹，要爱祖国、爱人民，不破坏集体团结等。

如果孩子的行为违背了这三项基本原则，父母需要及时地予以制止，并向孩子说明缘由，让孩子自觉遵守行为规范，做到即便没有父母在身旁提醒，也不会触犯这些界限。

四个回应锦囊

相信家长都希望孩子不仅能在我们面前听话，在我们不在场时依旧能够遵守规则。因此，父母在制止孩子的行为时，需要注意方式方法，才能让孩子心悦诚服地接受。

回应锦囊一：坚定、温柔的态度

在制止孩子时，家长尤其要注意自己的态度。如果孩子的行为确实触犯了原则，家长一般情况下比较容易做到"坚定"，但保持"温柔"就比较难，因为那些行为会引发家长许多情绪，比如生气、着急等，所以说起话来容易态度不好。但是生气、不友好的态度传递给孩子的信息是父母不喜欢、不接纳他，这会激起孩子的负面情绪和对抗——这一点是孩子教给我的：每当我用不温柔的语气跟孩子说话，说完问"记住了吗？"，孩子们总是说"没记住"，我问"为啥？"，他们会说"因为你态度不好"。当我及时调整自己说话的语气后，孩子就会心悦诚服地接受了。

当然，需要及时制止的行为往往发生在比较紧急、急迫的情境中，家长往往顾不得自己说话的态度。这种情况下，等到事情平息后，家长需要为自己的态度向孩子道歉，请求孩子的谅解——"刚才情况比较着急，妈妈有点害怕，所以说话态度不太好，请你谅解"。

回应锦囊二：简单明确的语言

制止孩子时，有的家长喜欢用语言大声呵斥，比如"不要……"，这会让孩子变得木僵，不知所措。制止孩子的不当行为时，父母最好用简单的语言告诉孩子如何做，必要时，直接用行动代替，比如抱住孩子或者拉着孩子的手快跑。这会让孩子感觉在家长制止的事情上没有回旋和讨价还价的余地，使孩子更快地接受家长的要求。

有一次，我推着电瓶车带孩子过马路，孩子没拿住新买的玩具恐龙，于是他马上从车上跳下去，想把玩具捡回来。当时红绿灯已经变色，车马上就要开过来了。我大声喊着："回来！"孩子才止住了脚步，我迅速拉住他，把他拽到我身旁。在这种紧急情况下，一定要非常明确地告诉孩子应该怎么做，而不是喊"不要跑""别乱动"之类的，并以迅雷不及掩耳之势用动作阻止孩子。

回应锦囊三：让孩子知其所以然

父母不要滥用我们手中的"权力"，动不动就阻止孩子的行为，而是要跟孩子建立一种信任关系，让孩子理解我们真的是出于对他们安全的考虑才不让他们做某件事，要让他们也认同我们的说法。父母在制止孩子的行为时，一定要让孩子知其然，更知其所以然；不仅要让孩子知道不应该怎样做，更要让孩子知道为什么。当然，讲"为什么"时，家长要尽量客观，不要过度夸大，让孩子心生恐惧。

我家孩子爸爸特别怕狗，每次见了狗都躲得远远的。一开始我家孩子不怕狗，见了狗还会凑上前去摸摸。可是，每次孩子爸爸带着孩子时，如果碰见了狗，他会特别紧张，孩子如果离狗太近，他就大呼小吆喝地把孩子抱起来，还吓唬孩子："狗会咬人，咬了人就死了，你就再也见不到爸爸妈妈了。"孩子被他吓得见了狗就躲。见孩子这样怕狗，我只好再进行补救工作。我对孩子说："家里养的狗狗都是经过驯化的，一般不会咬人。只要你不伤害他，他也不会伤害你。如果真的被狗咬了，只要打狂犬疫苗，也就没事了。"孩子这才放心一点，不那么怕狗了。

回应锦囊四：教给孩子正确的做法

家长在制止不当行为时，不要只批评错误，还要教给孩子正确的做法，帮孩子建立起新的行为习惯。

心理学上有一个"白熊效应"，又称"反弹效应"，源于美国哈佛大学社会心理学家丹尼尔·魏格纳的一个实验。如果要求你"不要去想一只大白熊！千万不要想哦！一定不要想哦！"你想了吗？真的没有想吗？我想答案是否定的。为什么我们明确告诉自己不要去想大白熊，可大白熊还是会闯入我们的脑海中呢？因为我们要想在脑海中压制它，就得监视它，监视的过程中它会反复被想起，每一次压制都是一次强化，压制得越多，你对它的印象越深刻——哪怕你真的绷紧全身劲儿不去想这只大白熊，强迫自己去转移注意力，结果稍一松懈，这只大白熊又会蹦回你的脑袋。所以，与孩子沟通中，父母最好多用"肯定式语言"，告诉孩子应该怎样做，而不是一直说不要怎样。

重点回顾

※考量孩子的各种行为应参考三条原则：不伤害自己、不伤害他人、不破坏环境。

伤害自己的行为方面，家长可以适当放手，允许小磕小碰，让孩子自如地探索；并且注意把安全教育做到前面，一方面有效起到预防作用，另一方面也有利于孩子接受。

伤害别人的行为方面，除了纠正打人、骂人这些比较明显的伤害之外，父母还要引导孩子换位思考，学会共情别人，说话之前要考虑别人的感受。

破坏环境的行为方面，父母要引导孩子"勿以善小而不为，勿以恶小而为之"；并且从小培养孩子关注外部环境，不随波逐流，坚守自己内心的规则。

※制止型行为有四个回应锦囊。

1.坚定、温柔的态度：如果由于情况紧急，父母说话态度不好，等事情平息后，家长需要为自己的态度向孩子道歉。

2.简单明确的语言：直截了当地告诉孩子如何做，必要时直接用行动代替语言，比如抱住孩子或者拉着孩子的手快跑。

3.让孩子知其所以然：不仅要让孩子知道不应该怎样做，更要让孩子知道为什么。

4.教给孩子正确的做法：多用"肯定式语言"，告诉孩子应该怎样做，而不是一直说不要怎样。

思考与实践

读完本章之后，有没有哪些制止型行为是你之前没有意识到的？或者有哪些行为本不该制止却曾被你划归到制止型行为中？请列举一二。

当你愿意为孩子投入时间、精力，并且方法得当，孩子也会给予你丰厚的回报。这种回报不是物质性的，而是孩子的状态会越来越好，好的行为会越来越多。

—— 一位拥有两个孩子的妈妈

多一些，再多一些——赞许型行为回应策略

孩子大部分时候都像天使一样，兴致勃勃地做着许多事情，父母如果认为这些事对成长有利，就会愿意让孩子去做，看着孩子认真投入的模样，父母往往会倍感欣慰，点头称许，这样的行为也因此被称为赞许型行为。出现赞许型行为时，亲子关系无比和谐，父母自然是希望赞许型行为多多益善。

适度放手：顺势而为的同时让孩子向阳成长

玩耍是培养自我意识的捷径

在我眼里，每个孩子都如天使一般可爱。当你善于肯定他们，看到他们的努力，再想办法把事情变得好玩、有趣一点，并为他们创造良好的环境时，他们就会非常积极地进行各种探索。

我跟柔柔说，"我就喜欢看你跳舞"，她学会了一个舞蹈组合，就一遍遍地跳给我看，我像小迷妹一样认真观赏，有时她对自己的动作不满意，还会努力争取下一次跳得更好。柔柔小的时候，我教她认字，买了许多认字卡片，她认会一张，就可以抢走一张，攒到盒子里，看着卡片越来越多，她会非常有成就感，有

时还被自己惊到："哇，我都可以认这么多字了！"她画了画，我也会给她贴到墙上，做成一面画廊，后来画作太多，我就专门给她买了个大画夹，把画都收集起来。她弹古筝，一开始我会在旁边听并指导，后来渐渐看不懂，就只能当听众了，有时我会跟着节奏摇头晃脑，她看到我投入的样子，也会弹得更加投入。有时，我还会把各种玩偶摆起来开音乐会，让柔柔弹给"大家"听。"大家"表示没听够，她就一遍遍地弹。为了参加电视台的节目录制，她一遍遍地在家练习，要把稿子背得更熟，感情更饱满。上了小学之后，娘俩一起练字，一起研究怎么让一个笔画、一个字更漂亮，每次我都不如她，她就更加来劲了，争取写得更好……

顺顺在纸上认认真真地画了一个小小的自行车，我看见了，说了句："呦，画得有模有样的。你看，车轮、车把还有中间的车链子，说明你观察得很仔细。"他会接着画出来十几个自行车，每个都有些许不一样，我发现它们并一一指出来，他特别开心。顺顺喜欢动手操作的玩具，我就给他买了套大颗粒的机械乐高，除了积木块外还多了一些齿轮，可以拼成各种好玩的东西，比如陀螺发射器、电梯、洗衣机、摩托车、搅拌机。为了拼出一个作品来，他有时一坐就是一个多小时，每次完成新作品，他都激动地搂着它睡觉。他还喜欢恐龙，我就给他买各种恐龙的书和玩具，他会把恐龙玩具都摆出来，玩恐龙大战，两岁多时，他就能对恐龙书上的各种恐龙倒背如流，这就是热爱的力量。我教会他下象棋、围棋，但是我水平有限，只懂大概的规则，不懂太深奥的技法。一开始我会假装败给他，他觉得自己很厉害，就来了兴趣，到处取经，找爸爸下，找爷爷下，找外公下……后来，慢慢地，我就真的败给他了。他喜欢读书，我带着他去图书馆、绘本馆、书店，能够自主阅读以后，我也会把他读过的书摞到一起，看着渐渐增高的书堆，他越来越愿意在读书方面投入更多时间，这一方面是因为他从读书中感受到了乐趣，另一方面也是因为他觉得自己擅长读书，越擅长越喜欢。有时，他会主动帮我拖地、晾晒衣服，我会十分真诚地谢谢他，并夸他长大了，他就会更加主动地做更多的事。他很热情，见了人会主动问好，见了老师会扑到老师怀里，我会及时地"看见"："你今天主动问好了，真是个有礼貌的好孩子。""你扑到老师怀里，说明你很喜欢老师，老师也很喜欢你。"在幼儿园里得了小贴画，他兴致勃勃地拿给我看，我认真地给他竖个大拇指，"这说明你在幼儿园表现非常好，一定学到了不少东西，展示给我看看吧？"他就会有模有样地唱儿歌、背古诗。

我真的很享受陪伴孩子成长的每一天。我也像一个孩子一样，跟着他们一起探索那些我之前从未深入碰触的领域。我本是个"乐盲"，但在陪柔柔学古筝的过程中，也能看懂谱子了，也开始懂得欣赏音乐背后的情感；虽然之前对机械类的东西一窍不通，但是陪伴顺顺玩乐高的过程中，我也更加了解机械，并且为机械精巧的设计而着迷；我曾一直为自己的字像小学生写的那样幼稚而感觉羞愧，现在陪着孩子练字，我也真正懂得了如何把字写好……这个过程中，有时我是孩子的陪伴者，和他们一起探索；有时我是引领者，支持并带他们走出困境、看到方向；有时我是观众，欣赏他们的成就；有时我又是私人教练加家庭老师，提供各种辅导与指导……

当父母做对了，孩子也就做对了。当你愿意投入时间、精力给孩子，并且方法得当，孩子也会给予你丰厚的回报。这种回报不是物质性的，而是孩子的状态越来越好，赞许型行为越来越多。他们会很开放，愿意探索和尝试；愿意自我挑战，看到更好的自己；愿意与人接触、交流，进而让自己的世界更加丰富。其实，孩子需要的并不多，只不过是认真的倾听、及时的鼓励，看到自己的成就以及感觉正在做的事情好玩有趣。把握好这些，孩子就会越来越愿意投入、专注于正在做的事情。

对于阅读、学习、做家务、有礼貌、乐于挑战等行为，家长们应该都是举双手赞成，希望孩子能够多多参与；但"自由自在地玩耍"是不是赞许型行为？这可能就比较有争议了——大部分幼儿园孩子的家长会觉得"是"，但小学生家长这样回答的概率可能就下降很多。许多家长在孩子上小学之后会把玩具束之高阁，也很少让孩子在户外玩耍，觉得耽误时间；只有孩子在家好好学习或者看书，才是赞许型行为。然而，游戏在我心目中有很高的地位，因为它对孩子有极其重要的价值。孩子小的时候我会陪玩，慢慢大一点之后，我陪玩得少了，他们大部分时间自己玩，我就努力为孩子争取玩的时间、提供玩的空间。

我家两个孩子最大的特点就是爱玩，他们总是兴致勃勃地做着各种事情，他们的世界里没有"无聊"这个词。

在家里，他们会自创各种游戏：戴上头盔，泡沫轴放到椅子上当大炮，他们就当起了"舒克""贝塔"；背上背一个枕头，从二层小床跳到大床上，玩"跳伞"；躲到衣柜里藏猫猫；各种椅子凳子一摆，就成了闯关游戏；乐高自制搅拌机，然后打蛋、搅拌再放上面粉和各种调料，自己做鸡蛋饼；从小视频中学手工，自己动手尝试制作；研究各种科学小实验；给气球充满气，玩儿颠球，或者装满水，捏来捏去，扔来扔去，玩儿水球大战；下象棋，玩围棋，打UNO牌、扑克牌，青蛙吃豆，大富翁，摆多米诺骨牌……他俩有商有量，不需要多么昂贵的玩具，就会玩得特别开心、投入。每当这个时刻，我就觉得特别欣慰！

在小区里，他们也和小伙伴们玩得很开心：有时骑自行车，一个追一个，转成圈，就好像贪吃蛇一样；有时玩滑板车，从小坡急速滑下，体验风驰电掣般的激情；有时玩"枪战"，一队扮好人，一队扮坏蛋；有时相约一起去游泳，电话手表一响，饭都来不及吃就迫不及待地要出发……有时，他们会玩到晚上快十点才回家。柔柔上小学以后，除了完成每天的作业、弹古筝、练舞蹈，其他时间都是在楼下疯玩。

去郊游，一点水、一点沙、一堆石头，他们都能玩得不亦乐乎。小石头可以围成一个城堡或者摆成各种造型；沙子可以用来把自己的身体埋进去，或者挖坑藏宝，加点水又能做出各种形状；水边更是能捞鱼、摸虾，一玩就是一上午……

从对游戏、玩耍的态度上来看，大家对"对成长有利"这一点的认识是有所不同的。父母主观上都希望孩子好，每位父母心中也都有关于"对孩子好"的标准，但是它对不对呢？有没有一个相对客观的、放之四海而皆准的标准呢？

当今社会，越来越多的父母开始意识到教育的重要性，有的家长则在"鸡娃"之路上一去不回头——为了让孩子多学一点东西，增加孩子的竞争力，他们替孩子把时间安排得满满的，以至于自由自在地玩耍有时真的很奢侈。不可否认，孩子可以从中学到一些东西，许多能力得以提高，但这样的模式也存在弊端。

如果一切都由父母指令，孩子不学会自己安排时间，久而久之，孩子可能就不会玩儿了。他的自我被挤压得所剩无几，学习的主动性越来越弱，甚至陷入"空心病"的状态，缺乏意义感和存在感。

我们的教育不能只关注孩子的成绩、能力，还需要关注孩子的人格发展、心理健康，注意发展孩子的良好自我意识。

在《如何给孩子提要求》这本书中，我提到了自我意识的重要性：

> 自我意识是人格形成的"旋风眼"，有了它，人格的各个部分才能协调统一在一起，形成一个有机的整合体。良好的自我意识是一个人发展的核心力量，是一个人自动自发成长的基础。当一个人有着良好的自我概念，自我评价比较积极，自我体验比较好时，他就能够做到自我监督和自我调节，努力维护心目中的自我概念。

在我看来，发展孩子良好的自我意识，是"空心病"的解药。家长判断一个行为是不是对孩子的成长有利，也要以是否能增强孩子良好的自我意识为标准。

> 在我的引导下，柔柔从小很喜欢运动，渐渐地，她也发现自己在同龄人中体育能力是比较强的，幼儿园里的男孩女孩都跑不过她，自从拿了"跑步冠军"的奖状后，她见人就想跟人家比赛跑步，尤其喜欢跟比自己大的人比，输了不丢面子，赢了更有成

就感。刚上大班，她一分钟跳绳就能达到80个，掰手腕也是无人能敌。渐渐地，她就形成了一种自我意识：我运动能力很强，跑步很快，跳绳很多，很擅长爬高，平衡性、灵活性都很好。在这种自我意识的引领下，她更加喜欢运动，也愿意尝试各种运动项目：滑板车、自行车、轮滑、游泳、平衡车、羽毛球、篮球、足球……

上小学后，她参加班干部竞选时，第一选项也是体育委员，她的演讲词是：我喜欢体育，也擅长体育，希望能带领大家喜欢上体育。

柔柔二年级时，学校举办了线上运动会。比赛项目有一分钟仰卧起坐、一分钟跳绳和坐位体前屈。一分钟仰卧起坐有十次机会，我给她压着腿，首次尝试就做了50个，位列榜单第一；后来，有人超过她做了52个，柔柔奋起直追，做到了53个；有人到了55个，柔柔又追上，做到了58个；有人也到了58个，可是柔柔已经到极限了，感觉无力再超越；可是离截止时间还有三十分钟的时候，柔柔不肯服输：我再尝试一次吧！她拼尽全力，最后做了59个，成为二年级女子组一分钟仰卧起坐纪录保持者。

为孩子鼓掌的同时，我也被她这种不服输的劲头感动。开学后，她又在学校里继续自我挑战，竟然做到一分钟67个！我都觉得不可思议！

发现了吗？自我意识在一个人的发展中占据非常核心的地位。它具有很强的自我定位和引领作用，一旦孩子把自己定位为"我是怎样一个人"，他就会朝着这个方向不断靠近，家长这时就不需要费太多劲儿去推着孩子往前走了。这就是为什么小的时候多花一些精力照顾孩子，孩子长大之后就会越带越省心。在点滴的互动过程中，在父母的鼓励和支持下，孩子各方面的"自我意识"渐渐形成。种子已经播撒，剩下的就是静待花开了。

再回到如何培养孩子良好的自我意识上，其中非常重要的一个点就是允许孩子自由地探索。允许孩子拥有自己的兴趣、爱好。因为当人们从事某件感兴趣的活动时，会全身心投入，忘却周围环境，没有时间观念，进入"心流"状态。这种状态是意志感和自我价值感的集合，孩子会从中体验到一种极致的快乐，从而爱上这种活动，自我意识充分扩展——这也是自由玩耍如此重要的原因，它能让孩子从中放松自我、发现自我、扩展自我。所以，建议父母们扩大赞许型行为的范围，给孩子更多的鼓励和支持。

不必把父母的态度强加给孩子

我家孩子小的时候，只要我在家，就会亲自带他们，也经常带他们去广场玩，因此看明白了为什么许多奶奶觉得看孩子那么累。

在小操场上，孩子喜欢跑、跳，有的奶奶就一步不离地跟在孩子身后，身手矫健地追——我从来没有见一个老人跑那么快过。这样一天下来，可想而知有多累！

对我来说，带娃出门反而更轻松。因为活动空间大了，孩子就不黏着我了，会自己到处探索，而我一般只用眼睛"追"着，孩子在我的视线范围之内就行了。我淡定地坐在那里，看着一直追着孩子的奶奶们，感觉到她们内心的那份紧张，生怕孩子磕一下、碰一下。

孩子们也喜欢爬上爬下，这简直更让奶奶们惊心动魄。她们大喊着让孩子下来，声音都震颤了。柔柔爬上爬下，经常把奶奶们吓得够呛，过来指责我，"怎么这样看孩子，让孩子爬那么高？"我一开始还笑笑，说没事，结果招致一顿教育；后来干脆装模作样地让孩子下来，奶奶走了再上去。

柔柔从小就爬上爬下，还从来没有因此磕着过。她极其小心，知道哪里可以往下跳，哪里不可以。磕着的反而是那些很少有机会爬高的孩子，爬高也是需要锻炼的，在这个过程中，孩子学会判断深浅，而受伤孩子的动作往往没深没浅。即便有一些磕碰也没关系，孩子的自我修复能力是很强的。有人觉得孩子一点闪失都不能有，但父母保护得了孩子一时，保护不了孩子一世。有些孩子感统失调，就是因为他们被保护得太好了，各项能力得不到锻炼；与其花钱让孩子去上感统训练课，不如放手让孩子爬上爬下、跑跑跳跳来得实在。

其实，对于小孩子来说，最好的早教就是让孩子使用自己的身体，大人要提供足够的空间和机会让孩子去练习。这样长大的孩子，身体协调性会比较好，进而促进大脑发育；而感统失调的孩子可能出现下面的症状：

- 书写速度慢，字迹不规则，书写时往往过分用劲。
- 在学习和其它活动中，顺序性和时间意识差。
- 容易由非智力因素引起学习不良，完成简单动作时常常遭遇失败，自信心不足，遇到困难容易沮丧，依赖性强。
- 学习系鞋带、扣纽扣等精细动作困难，大运动和精细运动技能差，动作笨拙，不喜欢翻跟头，不善于玩积木。
- 不合群、孤僻，在陌生环境容易迷失方向。

● 好动不安，注意力不集中，上课不专心，爱做小动作。

……

孩子长大后学习成绩不好可能也是因为小时候没有经过充分的身体锻炼。我之所以对孩子这么放手且信任，是因为我从小就是在外婆家的栗子园里长大的，整天在山上跑来跑去，这锻炼了我极强的专注力和身体灵活性，上学之后我的学习成绩一直稳居班级前三。

像我这样放手，孩子难免磕碰，但一般都是小伤，在可接受的范围内，比起孩子收获到的东西，这点代价是值得的。

因为具有一定损失，对于损失是否可忍受这一点就会有争议。不同的人可忍受损失的程度不同，孩子和家长的可忍受范围也有可能不一样。家长要对自己的衡量标准保持觉察，尽量保持比较中正的态度，不要把自己的创伤传递给下一代。下面是我的一个朋友分享的例子，她也是心理咨询师，对于孩子的教育问题有着敏锐的觉察力：

最近儿子阳阳迷上了奥特曼卡，他每天都会到小花园里跟他的好朋友换卡。有一天，他又去了，过了一会儿兴高采烈地上来，手里拿着一些换来的自己喜欢的卡片。后来，孩子爸爸下去拿东西，一个大爷跟孩子爸爸说："你快回家看看，阳阳的卡册是不是被一个大孩子换走了？阳阳小，不懂事，别让人欺负了。"孩子爸爸马上上楼，问阳阳是怎么回事。阳阳点点头，他是用一本卡册跟一个大哥哥换了几张自己喜欢的卡。孩子爸爸听后就有点生气："你这孩子，他是不是欺负你了？用一本卡册就换这几张卡，是不是很吃亏？"阳阳本来觉得挺高兴的，但是被爸爸这样一说，他就呆住了。他琢磨了一下，也觉得有点亏。孩子爸爸不依不饶："这个孩子真是，他大，不能这样欺负人，咱得去要回来！"我在旁边一直没有说话，但是我看得出来，阳阳一开始挺高兴的，小孩子做事没有那么多权衡和计较，他只要换到了自己喜欢的卡就觉得很开心，但是经爸爸这样一说，也觉得心有不甘。看着阳阳不知所措的样子，我说："阳阳，你要是想要回来，妈妈就陪你去要，你要是觉得没问题，那咱们就这样，妈妈觉得没问题。"到了下午，阳阳说还想要回来。于是我就陪着他去花园把卡要回来了。这件事就这样在孩子心里抹平了。

从这件事我看出来孩子爸爸当时很激动，后来跟他交流时，我问："你是不是经常觉得自己吃亏？被不公平对待？"孩子爸爸说是的，小的时候被别人欺负了，他只能咽下去，不敢伸张正义。

如果不加以觉察，孩子爸爸就会把自己的这种创伤传递给阳阳。孩子就会形成跟家长一样的心态、一样的想法，也经常觉得自己吃亏。

所以，家长要对自己的情绪、想法等保持觉察，尽量不要把自己的价值标准一股脑儿全灌输给孩子。孩子之间经常会进行一些交换玩具的行为，有的公平，有的可能看上去不那么公平，但是只要孩子喜欢，觉得没有问题，家长也不需要干涉，允许孩子按照自己的心意去做事就好。

回应赞许型行为的四条总原则

赞许型行为符合父母的教育观念，并且对孩子的成长有利。根据是否带来损失可以分为两类：

一类是对成长有利，而且没有损失的行为，比如孩子在家里安静地读书、学习、画画、玩积木，帮助家长擦桌子、打扫卫生等，它们对增加孩子的生活经验、增强身体协调能力等各个方面都非常有好处，并且不会带来损失，家长自然点头称许。

另一类是对成长有利，有一定的损失，但是损失可接受的行为。比如很小的孩子喜欢自己拿着勺子吃饭，不让父母喂；因为精细动作还没发展好，他可能把饭撒得到处都是，但这个过程可以促进孩子的动手操作能力、手眼协调能力、独立性等方面的发展，带来的损失也在可接受的范围内，因此是赞许型行为。再比如父母在做面食的时候，孩子们往往都喜欢参与——不妨给孩子一点面团，让他自由发挥，学着包饺子、擀面皮、捏小动物，即便弄得一身面粉也不要紧。

面对孩子的这些赞许型行为，父母要注意小心呵护，尽量做到以下几点：

1.不干扰

不干扰就是一种默许。孩子会在父母的默许中自由地体验，投入其中。投入是快乐的，孩子能够真正地沉浸在自己做的事情中，与当前的事物深度连接，产生"心流"的感觉——那非常美妙，做事情的人全神贯注，忘我地投入，甚至感觉不到时间的存在，进而体验到充满能量并且非常满足的感受。要想做到这一点，家长需要放下完美主义心态，允许孩子自己去体验，去犯错，并在尝试和体验中成长。

2.不评价

许多父母懂得尽量不要批评孩子，因为那样会打击孩子的积极性；而如果孩子做了一些父母觉得赞许的事情，就会大加赞扬，殊不知这样的赞扬也会在某种程度上减弱孩子做事的动机，因为孩子会担心，"下次我是不是还得做得这么好？"所以，对于孩子正在做的事情，父母尽量不要评价做得好不好，肯定孩子的努力和认真投入的状态即可。

3.观察

当然，不干扰、不评价不代表不管不问。父母比较恰当的立场是作为观察者，一边保证孩子的安全，一边留意孩子是否遇到困难了。

4.适时引导

如果孩子主动来求助，或者父母发现孩子出现了一些危险的行为或者遇到了困难，则可以给予一些引导——不是生硬地指导，要做到尽量自然而然、润物细无声，比如家长在旁边做同样的事让孩子观察模仿，或者装作漫不经心地通过行动启发孩子的灵感。语言引导可以点到为止，让孩子自己说出那个答案。

三个回应锦囊

父母并非只能被动地等待孩子自动发起赞许型行为，其实，许多赞许型行为是父母有意引导出来的，因此，父母不仅需要掌握呵护孩子赞许型行为的方法，更需要了解引导的方法，使赞许型行为出现得多些，再多一些。

回应锦囊一：支持孩子找到成就感

成就感是孩子愿意持续做一件事最深层的动力，也是我在鼓励孩子做事时最注意帮助孩子找到的感觉。成就感一部分来自父母的肯定，一部分则来自"眼见为实"。前面的例子中提到的把字卡累积起来、把读过的书摞起来、把画贴到墙上等等，都是为了让孩子找到成就感，积累现实的证据。如果父母在家夸奖孩子"你就是最棒的""你就是最聪明的"，孩子到了学校里发现自己不是最棒的，他的自信极有可能被打垮。但是通过累积自己的点滴进步建立起来的自信，是比较稳定的、不容易被打垮的。

有位妈妈带着孩子舟舟来找我咨询。舟舟上一年级了，点数还数不清楚，拼音也学得一塌糊涂，老师说这孩子有学习障碍，甚至有点自闭。舟舟的妈妈在引导孩子学习时也感觉非常困难，经常教着教着就对舟舟大喊大叫，舟舟也气得不愿意学，亲子关系非常紧张。来咨询后，我和舟舟妈妈在房间里聊天，舟舟由助教老师带领玩游戏、做手工。助教老师非常有耐心，带着他先认真观察了每种小动物的造型，在说到"马"时，舟舟主动说自己骑过马。后来，他们决定做一个立体的脸。开始做时，助教老师要剪开一大张纸，请他帮忙拉着纸，并为此感谢了他，他又要求与老师合作，再剪一张。后来，他画出眼睛，并用剪刀剪下来，老师又帮忙画好鼻子和嘴巴，他又自己用剪刀剪下来。作品完成后，舟舟非常有成就感，脸上洋溢着开心的笑。他和自己的作品合了影，还拉着助教老师的手舍不得分开。

舟舟妈妈从房间里出来后，看到这样的场景，感觉十分不可思议。在她的眼里，舟舟就是一个笨手笨脚的问题孩子，怎么能与老师进行这么好的互动？怎么能做出这样一幅作品，并且如此开心？怎么还能这样依恋一个陌生的老师？助教老师说，做到这些其实很简单，就是好好说话，并且帮助他找到成就感。助教老师会把大部分任务都完成，只是适当地给舟舟安排一些他轻而易举就能完成的任务，作品完成后，他非常有成就感。

而妈妈在与其互动时，则比较简单粗暴，期望太高，他一下子达不到预设的期望，妈妈就着急上火，弄得他也十分沮丧，甚至有点恐惧学习，脑子就像锈住了一样。所以，面对孩子，家长一定不能操之过急，提供适当的帮助，让孩子感受到"跳一跳就能摘到葡萄"的那种正向反馈。舟舟妈妈也意识到，自己引导孩子时要求太高、太急，决心改变。

回应锦囊二：减少孩子的挫败感

与成就感相对的就是挫败感。许多家长在教孩子的过程中容易操之过急，让孩子产生强烈的挫败感，自信心被打击。

柔柔一开始学古筝的时候，我也犯过错误。我对她的要求太高，学了新的内容后，我会录制她练习的视频发给老师看。如果录的时候有错误，我就会要求她重新弹。这也给她造成了压力，一度不愿意再学古筝了，听到练琴就头大，听到录视频就打怵。后来，我意识到自己的行为给孩子造成了多大的压力，于是改成了只要每天弹3遍就行。其实乐器很大程度上就是熟能生巧，刚学完后，第一天可能需要看着书才能磕磕巴巴地弹下来，第二天就可以不再看书，第三天则会顺利很多，第四天就能弹得很好了。这种"只弹不追求结果"的方法让柔柔放下了压力，也能坚持天天弹，反而越练越好，越练越自信了。

后来在与其他家长的交流中我也发现，很多家长有完美主义倾向，希望孩子学就学好、练就练好，这种心态给孩子非常大的压力，孩子反而越学越紧张、越学越不会。

我有位朋友对孩子的学习抓得非常紧，可是孩子却越来越厌学，成绩也不见起色。跟他交流，问他是怎么教孩子的，他说他不盯孩子学习，把学习方法教给孩子后，他只负责"验收"。比如他不教孩子英语单词，但给孩子留出充足的时间去学，他会在约定好的时间进行听写，如果有错误，一个单词罚写50遍。当然，罚写50遍不是目的，目的是起到警示作用，督促他好好学习。我问他效果如何。他说有次听写，二十个单词错了十四个，罚写了700个单词，孩子直接写吐了，后来干脆不学了。

朋友的方法听上去没毛病，是吗？很大一部分家长也是这种心态——让孩子品尝自己行为的后果。但实际上，这种方式会让孩子陷入恐惧，为了逃避惩罚而去学习，往往逃不过惩罚，孩子会有巨大的挫败感。挫败感累积多了，孩子就会"习得性无助"，失去了努力的动力。

要想孩子爱上学习、多做一些赞许型行为，让事情变得有吸引力比让孩子感到恐惧要有效得多。

回应锦囊三：从"行动模式"切换到"存在模式"

赞许型行为通常出现在什么时刻？一般来说，是孩子比较放松、兴致比较高的时候。所以，孩子的时间不能安排得太满，当然也不能无所事事，张弛有度才妥当。如果时间安排得太满、太紧，孩子忙于应付各种外界的要求，就没有时间面对自我了。正如前面所讲的，相比于各种知识的学习或者能力的提高，自我才是一个人更需要面对的深层问题。

《穿越抑郁的正念之道》这本书中清晰地阐述了"行动模式"与"存在模式"的概念。行动模式是我们日常生活中经常采用的模式，不断设定目标、聚焦目标并想办法达成，不断改变自我、谋求进步，行动模式带领我们不断追求更高的目标、更好的生活；但是，它有其弊端：

> 行动模式把我们的注意力缩窄到占据心头的问题上，制造出想法，如面纱般常会把我们与直接的体验隔开。如果进食的时候，行动模式依旧在运作的话，我们大部分的注意力会被与目标相关的想法吸引或影响。我们心中总是挂带着那些未完成的事务——白日梦、计划、问题解决、回顾或预演。在行动模式狭隘的目标焦点中，景象、气味、躯体感觉和食物的滋味都变得不那么相干了，因而，这些很少得到关注。我们中大多数人并没有觉察到自己因此错过了多少生活中的事物。

行动模式聚焦于关注现实的想法与理想的想法之间的差距上，旨在达到预设的目标。相比之下，存在模式并不担心现实与理想之间的距离。至少在原则上，并不执着于达到任何目标。这种不强求的取向有助于我们从行动模式的狭窄目标聚焦中释放出来。

在存在模式中，无须不断地监察和评估世界的现状是否在趋近我们所设立的目标。这一点让我们以非评判、接纳的态度去留心事物。在存在模式中，我们发现可以搁置对体验的评价，我们不再对体验评价为"应该"如此或者"必定"如此，是否"正确"或者"不正确"，是否"够好"或者"不够好"，我们是否"正在成功着"或者"正在失败着"，甚至不去评价我们感觉"好"或者"不好"。每一个当下的时刻可以被如实地拥抱，以它本身的深度、广度、丰富程度，而不需要一个"隐藏着的议程"来不断地评估我们离理想状态有多远。

如果人们曾经被教诲"设定目标并为之努力是实现理想、通往幸福之道"，那么可能难以相信，不执着于目标，哪怕是有价值的目标，可能是走出烦恼之道。书中说存在模式是拯救人们走出抑郁的正道，而我在阅读这本书时，有种强烈的感觉是，养育孩子也非常适合"存在模式"。不能执念太多，不要有太多的"必须"或者"正确"，放下过多的评判，给孩子留出足够的自由时间，接纳孩子每个状态，孩子的生命力就会被更深度地激发。这就是所谓的"无为而治、道法自然"。每天、每周都要记得为孩子留出这样一段时光，父母没什么事，孩子也没什么事，单纯地享受亲子间相处的时光，你会发现，那是无比甜蜜的时光！

回顾与思考

重点回顾

※ 赞许型行为符合父母的教育观念，并且对孩子的成长有利。

根据是否会带来损失可以分为两类：一类是对成长有利，而且没有损失的行为；另一类是对成长有利，有一定的损失，但是损失可接受的行为。

面对孩子的赞许型行为，回应的总原则是：不干扰、不评价、观察、适时引导。

※ 父母可以根据是否有助于增强孩子良好的自我意识来判断某种行为对成长是否有利。

父母要注意扩大赞许型行为的范围，给孩子更多的鼓励和支持。

对于损失是否可忍受这点，家长要对自己的衡量标准保持觉察，尽量保持比较中正的态度，不要把自己的创伤传递给下一代。

※ 赞许型行为有三个回应锦囊。

1.支持孩子找到成就感：成就感一部分来自父母的肯定，一部分则来自"眼见为实"。

2.减少孩子的挫败感：完美主义的家长注意放下自己急切的要求，以减少孩子的挫败感。

3.从"行动模式"切换到"存在模式"：养育孩子适合"存在模式"，不能目的性太强，不要有太多的"必须"或者"正确"，放下评判，给孩子留出足够的自由时间，接纳孩子每个状态，孩子的生命力就会被更深度地激发。

请反思，自己有没有过度安排孩子生活的倾向？有没有给孩子留出足够多的自由玩耍的时间？日常生活中，在某些时刻尝试从"行动模式"切换到"存在模式"。

第6章

回应已经发生的行为

当我看到自己因为孩子乱扔玩具、想偷懒而生气并且要发火时，我会跟自己说："嘿，平静一下，可爱的女巫！"

—— 一位4岁男孩的妈妈

谁不会犯错呢——谅解型行为回应策略

孩子常常犯一些小错——打碎东西，弄坏物品，弄脏衣服、地板和墙面，洒水、洒牛奶，出言不逊……这些都是"家常便饭"。孩子犯这些错通常不是故意的，也不涉及原则性问题，需要得到父母的谅解，这些行为也被称为谅解型行为。

帮孩子认识错误，积攒智慧和勇气

当孩子好心办了坏事时

孩子们小的时候，我一拖地，他们必然都要过来抢拖把，跟着划拉几下。后来，我干脆给他们弄了个小拖把，让他们跟着一起拖。有一天，柔柔看见墙角有个蜘蛛网，就用拖把一划拉，结果把拖把上的脏灰全抹到了墙上，她一看这情形，知道自己闯了祸，不知道怎么办，拉着我过去看。我看见后，问明白怎么回事，就跟她说："我知道，你不是故意的，你只是想帮忙弄掉蜘蛛网而已。可是没想到拖把上有灰，都抹到了墙上。你的心是好的，妈妈知道！"我看见孩子明显舒了一口气。"我们一起来看看怎么补救吧！"柔柔转了转小脑筋说："我们手上有灰了，要么洗洗，要么用湿巾擦，墙没法洗，要不我们用湿巾擦擦试试？"我肯定了她爱动脑筋，并且告诉她得等干了之后再擦，要不然泥会越抹越多。等干了之后，她认认真真地把墙用湿巾擦干净。能为自己的行为负责，看得出来她也特别高兴。

孩子们小的时候，有一次我外出回来后，他们兴冲冲地跑过来，举着一幅画给我看："妈妈，你看，我画的大苹果！红不红？这还有彩虹、太阳！"我刚想表扬他们，看到顺顺手中的"蜡笔"就气不打一处来——那可是我新买的名牌口红呀！他们把它抹得纸上、桌子上到处都是！再到卧室看看，不光口红，粉底、眼影也都遭了殃。粉底都洒了，眼影也七零八落，我禁不住厉声呵斥起来，"你们这是干什么？"看我瞪着眼、双手叉腰、气得呼呼大喘，孩子们这才意识到自己闯了祸。我告诉他们："这可是我非常心爱的化妆品，你们给我弄成这样，我真的非常生气！"他俩低下头说："对不起妈妈，我不应该玩你的化妆品。"过了一会儿，我的气消了，对他们说："我知道你们只是想画画，不是故意损坏我的化妆品。可是妈妈的化妆品不是颜料，家里有专门画画的颜料，以后画画不可以再用妈妈的化妆品，也不能随便动我的化妆品。就像别人不经过你的同意不能随便动你们的玩具一样，你们也不能随便动我的物品。"孩子们都表示记住了，并愿意帮我打一个星期的洗脚水作为补偿。

家里养了两只小彩龟。有一天，我在屋里工作，出来一看，两只小彩龟在水池子里直挺挺地躺着，都死了。我一摸，水是烫的，它们都被烫死了。我问他俩这是怎么回事，他们说："我们想让小乌龟泡泡澡，舒服舒服。"哎，这俩傻孩子！我当时有点生气，一方面是看着两只可爱的小乌龟就这么死了，感觉特别惋惜，一方面是为孩子的傻生气，可是后来转念一想，孩子确实是好心。他俩经常泡澡，觉得热乎乎的水泡着很舒服，可是没想到小乌龟哪受得了！这也正是引导孩子们学会转换思维、使用同理心的好时机。于是，我跟孩子们说："我知道你们是好心，想让小乌龟也感受一下泡澡的舒服，可是没有想到水太烫了，把小乌龟给烫死了。从这件事情中我们可以学到什么？"孩子们说："下次要多想想别人。不要觉得自己喜欢别人也肯定喜欢。"我问他们能不能举个例子，柔柔说："比如给别人送生日礼物，不能送自己喜欢的礼物，而是要送别人喜欢的礼物。"顺顺说："比如我喜欢吃的东西你不一定喜欢，你喜欢的东西我们不一定喜欢。"我给他们竖了大拇指。"现在小乌龟死了，我感觉很伤心，你们呢？""我们也感觉很伤心。"可是，死了就没办法复生，于是我们一起到外面找地方把它们埋了，并且记下日期，准备以后每年的今天都祭奠它们一下。孩子们看过电影《寻梦环游记》，知道最可怕的不是死亡，而是遗忘。

孩子们喜欢和爷爷玩打闹的游戏。有一天，爷仨又"干"上了。柔柔拽着爷爷的衣服，顺顺伸腿踢，爷爷一面逃脱柔柔的纠缠，一面抓住顺顺伸过来的"无影腿"，正玩得不亦乐乎，只听"嘭"一声，顺顺把爷爷的水杯打碎了。孩子们都吓了一跳，呆住了，回过神后，顺顺赶紧给爷爷说："爷爷，对不起！"他俩本来光着脚，我赶紧给他们拿来了鞋子，然后引导他们一起把地上的碎片清扫干净。打碎了东西要赔偿，这是基本的原则。我答应顺顺，可以帮他为爷爷买一个新水杯，但是要扣除他一个星期的零花钱。顺顺答应了，并且还答应为爷爷捶一个星期的背作为补偿。

　　孩子的脑回路跟大人不太一样，各项能力也不如大人，好心办坏事是常有的事。孩子一般都非常热心，对一切充满了好奇，大人做什么孩子都喜欢插把手，结果经常弄巧成拙，帮了倒忙，搞得家长哭笑不得。

　　在这里需要说明的是，孩子做错了事，家长会出现一些情绪，比如生气、伤心、难过等，这都是很自然的，但是"有情绪"不等于"发火"。在我与孩子相处的过程中，他们把墙壁弄脏了、把我的化妆品弄坏了，我都感觉很生气，小乌龟被烫死了我也感觉很伤心，我的生气、伤心等情绪是孩子行为后果的一种自然反应，是针对事情本身的，而不是针对孩子的。如果我没有表现出生气、伤心，孩子们可能意识不到这些化妆品对于我是多么重要，所以，家长们可以允许自己有情绪，我们看到自己的情绪，安抚自己的情绪之后，再与孩子沟通。如果带着怒气大声责备孩子，冲孩子发火，孩子就会感觉是自己不好，惹爸爸妈妈生气了，从而十分害怕犯错。也就是说，父母的情绪如果只是针对孩子行为的后果，是对"事"的，孩子可以想办法补救，他们也会十分愿意去弥补自己的错误；可是如果父母的情绪开始超越事情，指向孩子，是对"人"的，孩子就会感觉自己正在遭受攻击，他的能量就会用于自我保护，要么对抗父母，要么自责难受，像乌龟一样缩到自己的壳里，也就没有力量在理性层面处理问题了。

　　父母如果希望孩子勇于担当，敢于面对自己的错误，并尽量去弥补损失，承担责任，那么就不要冲着孩子发火，消耗孩子的能量；要让孩子将全部的能量用于解决问题。相信每个孩子都有足够的智慧和勇气去摆平面前的问题。

有一位幼儿园园长，工作做得非常出色，在她的管理下幼儿园得到了长足的发展。她说，她小时候经常捣蛋，印象最深刻的一次是，她把温度计放到热水里，想看一看温度计会显示多少度，结果把温度计弄坏了。回来后妈妈问她为什么要这样做，她说只是想量量水的温度。她的妈妈没有责备她，反而鼓励她继续探索，这也造就了她富有创意、做事大胆、敢想敢干、勇于打破常规的个性。

看看那些比较成功的人，他们大多敢于探索，不怕失败，不怕犯错，勇于承担责任。他们为什么不害怕犯错？因为犯错的成本不高。就像这位园长，她弄坏了温度计，妈妈没有责备她，反而鼓励她继续探索，她就可以安下心来；如果妈妈把她严厉地训斥一顿，再警告她以后不能再做这种傻事，她就会觉得犯错是一件很可怕的事，最好别犯错，活得战战兢兢，不敢越雷池半步。

面对孩子所犯的一些小错误，父母不责备，就是在给孩子犯错的勇气，让孩子不怕犯错；教孩子为自己的行为承担责任，则是教孩子学会处理问题，不让错误阻挡前行的脚步。失败是成功之母，孩子从错误中学习，在犯错中成长。

当孩子偷懒时

顺顺不喜欢刷牙，有时该刷牙了，他就会说"好困呀"，边打哈欠边跑到床上假装困得睡着了。我知道，他又想逃避刷牙了！心情不好的时候，我会熊他："快点起来刷牙，别跟我找借口偷懒！"他往往会不情不愿地起来，嘟着嘴、哭丧着脸去刷牙，随意糊弄一下，草草了事。心情好的时候，我会跟他玩绘本《牙齿大街的新鲜事》中的小游戏——我跑到床边，假扮小细菌来袭，"声音粗壮"地仰天大笑："哈哈哈，我是专门入侵牙齿的哈克，我的兄弟马上就到！我先来打探一下，有没有可以吃的食物？"姐姐已经刷完牙，我跑到姐姐的嘴巴边瞧了瞧说："哎！这个小朋友真是太爱干净了，牙齿里面什么都没有，一点东西都不给我们留！真是气死我了！这是要饿死我们吗？人类现在变得越来越狡猾了！"我又来到弟弟的嘴边，一边嗅了嗅一边狡黠地说："嗯？我好像闻到了食物的香味？对，有肉丝，有豆渣，还有美味的巧克力，就在这里！迪克，快点过来，让我们冲进去，这里有丰富的食物！"这时，顺顺往往就会一个箭步俯冲下床，以最快的速度拿起牙刷开始刷牙。我在门外看见他刷得特别仔细、认真，不准备留下一点食物残渣。他把牙刷好后，来到门口得意地张开嘴。我左瞧瞧右看看，"咦？怎么什么都没有了？到嘴的鸭子又飞啦！呜呜呜……这可怎么办呀？今晚又要饿肚子啦！"我气得"晕"了过去，两个孩子得意地哈哈大笑。一场不刷牙的战争顺利平息！

孩子玩完玩具忘了收也是常有的事。顺顺常常把一大盒子奥特曼卡都倒出来，玩了一会儿，就跑去拿他的恐龙模型，不久后又看到玩具枪，拿起来就要出去找小朋友玩"枪战"。这时，我又成了一个"玩具狂魔"："哈哈哈，我是玩具狂魔！我最喜欢玩玩具了。但我也是个有原则的人。我虽然爱玩，但是绝对不动收拾得整整齐齐的玩具，因为我知道，那是有主人的玩具，主人会保护它们的。我只喜欢散落在地上的没人管理的玩具，没有人要，就像是被丢弃了一样，我随便捡起来玩，就能把他们装到我的神奇布袋里，带回家想怎么玩就怎么玩，永远占为己有，哈哈哈……"说完，我就拖着我的布袋子蹦蹦跳跳，准备去捡掉在地上的玩具。这时，顺顺一定会立马赶过来保护他的玩具。"不许动我的玩具！它们是我的！"我说："哼！是你的？那你怎么没把他们收拾好，你看，它们都散落在地上，根本就是没人要的玩具！你别胡说了。""我刚刚没来得及收，现在马上就收！""那就看谁的速度快吧！"实际上，我的布袋子上有洞，这头装那头漏。顺顺一开始着急地抢，急得要哭，后来看我的布袋子是这样的，就哈哈大笑起来。我看他哈哈大笑，还假装丈二和尚摸不着头脑，"笑什么笑！有什么好笑的！"接着又去抢，可是抢了半天，袋子里还是空空的。"哎呀！袋子怎么破了呀！我得赶紧去缝好神奇布袋！"等我去缝好袋子回来，玩具早就被顺顺收拾干净放回原处了。顺顺又得意地说："你还来干吗？你看，现在玩具都被收拾得整整齐齐了，我就是它们的主人，你别再来骚扰它们了！"我只好气得垂头丧气地回家了。"哼，今天什么收获都没有，气死我了！不过，我以后还会再来的，我就不相信这里的玩具都是有主人的，每次都能被收拾得整整齐齐。"

家长看到孩子不愿刷牙、乱丢玩具，最简单的回应方式就是催促。当我自己比较忙乱时，尤其见不得孩子把家里弄得乱七八糟，只想熊孩子一顿："怎么还不去刷牙？""怎么还不去收拾？"孩子见我发火也会乖乖去做，但是不情不愿，家里的"气压"很低，孩子也不开心。我感觉自己就像一个非常凶恶的皇后，对人颐指气使，尽管大家都听从我的，但没有人喜爱我。但是每当我调整好自己，把催促变成一种游戏，孩子就会开开心心地去做，催促也成了一种有趣的亲子陪伴。这时，我感觉自己变成了一个有趣的可爱女巫，拥有神奇的魔法，孩子们愿意追随在我的左右，叽叽喳喳，亲子关系无比和谐。我希望自己成为有趣的女巫而不是没人爱的凶恶皇后，所以，我愿意不断地觉察自己的情绪、行为，当我看到自己因为看到对孩子生气并且想要发火时，我会跟自己说："嘿，平静一下，可爱的女巫！"状态就会自然切换了。

我用轻松愉快的游戏向孩子表达我的宽容和理解，同时，也达到了让孩子收拾玩具、刷牙的目的，这种方法一箭双雕，非常好用，但它的缺陷是需要家长经常保持一颗游戏之心。当父母的内心是稳定的、安宁的、丰盈的，游戏的灵感就会如泉水般汩汩地流出来；当父母内心缺乏安全感，或者处于慌乱、焦虑、匮乏中，心灵处于干涸贫瘠状态，游戏的灵感也会不知所踪，脑子里剩下的就只有批评和责备孩子的冲动。这也是为什么在电影动画里，当国土被邪恶的力量统治时，天空往往是黑暗的，河流是干涸的，土地是裂开的，整个环境破败不堪、杂乱无章，所有人都处于一种恐惧、恐慌的状态中；而当正义的力量恢复时，一切充满生机，泉水开始流动，花草树木也恢复了颜色，整个世界变得五彩缤纷起来。我们希望孩子的内心保持怎样的状态呢？我想答案不言而喻。那就让我们从自身做起，让我们的内心先丰盈起来，并且在与孩子互动的过程中，自然地把这份丰盈传递给孩子。

回应谅解型行为的两条总原则

什么样的行为应该被划归为谅解型行为呢？总结来看主要有两大类：

一类是父母的教育观念认可但损失不可忍受的行为，比如孩子在帮爸爸妈妈拖地时把泥点甩到了墙上、跟小伙伴一起玩时把家里搞得乱七八糟、想要研究一下闹钟的构造但把闹钟拆坏了……孩子因为身体能力或者知识经验不足，在尝试做事和探索的过程中难免造成损失。这类行为乍看让家长难以接受，但仔细分析就会发现，孩子的初衷其实是好的，虽然造成了一些破坏性的结果，却需要得到父母的谅解。类似的行为还有：① 因动作不稳、能力不够导致的损坏物品的行为，比如喝牛奶时把牛奶洒了、吃饭时把饭粒掉到桌子上、喝水时把杯子打碎了，这些都是孩子出于自主做事的需要进行的尝试，我们要谅解孩子的错误，不要责怪他们"这么不小心"；② 因多动、爱玩导致的损坏物品的行为，比如把椅子当马骑以致椅子散架了；③ 因模仿、尝试导致的不良行为，比如模仿大人说脏话或不礼貌的话（如"放屁""打死你""臭狗屎"）；④ 因好奇探索导致的损坏物品的行为，比如把鱼缸里的鱼抓出来玩以致小鱼死亡。

另一类是父母教育观念不认可但损失可以接受的行为，比如孩子因为暂未形成巩固的良好习惯而犯错误，但这些错误可以忍受，如不向人问好、不整理自己的玩具、衣服乱丢等，再比如孩子因一时情绪失控而导致的过激行为，如因为生气摔坏了东西。成人希望孩子有良好的习惯，能够像小大人一样把事情样样做好，但往往事与愿违，孩子有时会偷懒，有时会回到旧习惯上去，有时会把事情搞砸，在习惯形成的过程中，他们并不能像我们期望的那样，每次都做得那么好。孩子年龄小，习惯还没有稳定下来，犯了小错误需要被原谅，也需要得到父母的引导。

面对孩子的谅解型行为，父母需要把握好两个原则：

1.态度上要理解、宽容

其实，孩子犯的一些小错很多时候都是出于"好心"，但因为能力不够而"办了坏事"，父母要懂得肯定孩子错误行为背后积极的行为动机。另外，孩子想偷懒也是人之常情，父母反过头来想想自己，有时候不也想偷懒省劲儿吗？所以，态度上能温和一点就再温和一点吧！尽量不要责怪孩子、训斥孩子。

2.引导孩子为自己的行为负责

虽然态度上要尽可能地理解孩子、接纳孩子，但行为上不能一味地放纵孩子，还要引导孩子为自己的行为负责。如果是弄脏、弄乱了物品，那就要尽快收拾干净，恢复原样；如果损坏了物品，要想办法修理或者赔偿，如果实在没办法挽回，至少要表达惋惜之情。

三个回应锦囊

回应锦囊一：正念养育

许多父母其实懂得宽容的重要性，也很想宽容孩子，冲孩子发完火后经常后悔，可是当事情来临时，还是常常压抑不住内心的怒火，下意识地做出一些"责备"的行为，比如看到散落满地的玩具，用严厉的声音质问"这是谁弄的？"在帮助孩子处理问题时一直抱怨，不自觉地从表情中流露出来不耐烦、生气、烦躁，它们都会在不经意间感染孩子。要想做到宽容、不责备，其实不是一件容易的事情。这时，家长需要使用正念养育的方法。

这些年，我也一直在修习正念养育，希望能让自己对各种情绪状态保持觉察，从而更了解自己，更好地把控情绪，更好地回应孩子。荷兰心理学家艾琳·斯奈尔在《正念养育——提升孩子专注力和情绪控制力的训练法》这本书中讲解了什么是正念养育：父母以正念的态度关照身体，平复不良情绪，处理负性想法，以平和的态度面对养育孩子过程中出现的压力情境，父母熟练掌握正念后再帮助孩子练习。正念就是有意识地觉察当下发生的一切经验，而不做评价、不做判断。简单来说，正念养育包括两个方面，一个是父母保持正念，二是教孩子保持正念。父母可以先从自己保持正念开始，假想自己的肩膀上坐着一个小人儿，看着自己。先从觉察自己的情绪开始：跟孩子说话时，自己的语气是怎样的、表情是怎样的、动作是怎样的，只是看到而已，不要评判，接纳当下的状态，允许自己处于当下的状态中。如果你当时内心非常生气，那就"看着"自己的生气，感受血液在体内快速流动、心脏怦怦地跳，感受自己的手脚气得打哆嗦，感受这股能量。

当然，做到这一步并不容易，家长可以通过日常练习提升自己的正念水平，最常用的练习是身体"扫描"：

身体"扫描"

1.让自己舒服地平躺在一个你感到温暖而不被打扰的地方。你可以躺在一张垫子上，或者地板上、床上。慢慢地闭上眼睛。

2.花一点时间去联结到你的呼吸以及身体里的感觉。当你准备好的时候，把你的觉知带入身体的生理感觉中，尤其是在你的身体和地板或床接触的位置，觉知那触碰或压力带来的感觉。在每一次呼气中，让自己更深一点地陷入垫子或者床中。

3.为了设定好正确的意愿，提醒自己这段时间是为了"保持清醒"，而不要睡着；也提醒自己这里的重点是对正在展开的体验保持觉知，不管那些体验是什么。这个练习的目的是，随着你系统地依次把注意力投注在身体的每一个部位，把觉知带入任何你能够觉察到的感受（也许是缺乏感受）。

4.现在，把你的觉知带到你腹部的感觉，觉察到腹壁随着呼吸的空气进入和离开身体带来的感觉变化。花几分钟去感受当你吸气和呼气的时候腹部一起一伏的感觉。

5.联结到腹部的感觉之后，把注意力，或者说是你觉知的聚光灯放在左腿上，来到左脚，然后一直来到左脚趾。依次关注每一根脚趾，带着一份温和的、好奇的、慈爱的注意，和你的感觉在一起，探索它，也许留意着脚趾之间的接触，一种刺痒、温暖，也许是麻木的感觉，不管这里是什么，也许甚至是完全没有任何感觉，都是可以的。事实上，不管你体验着什么都是可以的。它们就存在于此时此地。

6.当你准备好了，在一次吸气中，感受或想象呼吸的空气进入你的肺部，然后一直经过你的身体，经过你的左腿，来到你左脚的脚趾；在一次呼气中，感受或想象呼吸的空气从脚趾和脚一路向上回到你的腿、躯干，从鼻子离开。尽你所能地继续这样呼吸几次，向下吸入到脚趾，再从鼻子呼出。要掌握这个诀窍可能很难，慢慢尝试，像玩耍一样去接近它。

7.现在，当你准备好的时候，在一次呼气中，把觉知带到你的左脚脚底上——为脚底板、脚内侧和脚跟带入一种温和的、探索性的觉知（比如留意脚跟和垫子或床接触的感觉），试着和任何感觉"共同呼吸"——在背景中觉知到呼吸，伴随着你在前景中探索着脚底的感觉。

8.现在，让觉知蔓延到脚的其他部位——脚踝、脚面，一直到骨头和关节。然后，做一次更深的、更有目的的吸气，将呼吸导向整个左脚，随着呼气，让觉知的焦点完全移动到左小腿，再依次到腿肚、胫骨、膝盖等。

9.继续"扫描"身体，依次在身体的每个部位停留一会儿——腹股沟、生殖器官、胯部、臀部、后腰和腹部、背部和胸部还有肩膀，然后，我们来到双手，一般是同时扫描两只手。我们先安住（注：冥想用语）于两只手的感觉，依次是手指和大拇指、手心和手背、手腕、小臂和肘部、大臂，再一次回到肩膀和腋窝、脖子、脸（下巴、嘴、嘴唇、鼻子、脸颊、耳朵、眼睛、前额），然后是整个头部。

10.当你在身体的某一个特定部位觉察到紧张或其他强烈的感觉时，你可以同样把呼吸带入这些感觉之中，就像你在其他部位所做的一样。使用吸气，温和地把觉知直接带入感觉中，并尽你所能地感觉在那个区域发生着什么，然后在一次呼气中释放。

11.不可避免的是，从这一刻到下一刻，心会从呼吸和身体上游离。这完全是正常的。那就是心智会做的事。一旦你留意到它，就温和地承认它，注意到心又去了哪里，然后温和地把注意力再次带回到你想要去关注的身体部位上。

12.在你以这种方式扫描完整个身体之后，花上几分钟把身体作为一个整体来觉察，觉察呼吸的空气自由地流动，进入并离开身体。

13.非常重要的一点是，如果你和很多现代人一样苦于失眠，由于身体"扫描"是躺着完成的，你会非常容易睡着——这样做很有帮助：用枕头把头部垫高，睁开眼睛，或者坐着练习。

——摘自《穿越抑郁的正念之道》（*The Mindful Way Through Depression*）

有的家长明明已经气得满脸通红、说话声音十分低沉，嘴上还说"我没有生气"，这就是与自己身体失联的表现。通过身体"扫描"，我们就慢慢与自己的身体建立了更加深度的连接，对身体的变化也会更加敏锐。在与孩子互动的过程中，我们就能更加清晰地看到自己的一举一动，了解自己的情绪变化、行为变化，并懂得自己的一言一行给孩子怎样的影响。

宽容孩子不那么容易做到，是因为我们成长的那个年代，物质还相对匮乏，生存压力比较大，打碎了物品、说错了话、做错了事，通常会受到父母严厉的责罚，而这份对于做错事的紧张感很容易传递到下一代身上。要想真正做到宽容孩子，父母需要先保持正念状态，从了解自己开始。

回应锦囊二：乐观地看待错误

积极心理学之父马丁·塞利格曼在《教出乐观的孩子》一书中提到，当孩子学会将失败的原因归结为暂时性的、针对特定情况的、与自己的努力不够等相关的原因时，孩子就会保持乐观，从失败中看到成功的希望，从而燃起努力的斗志，坚持下去。

我们如何教会孩子乐观？大部分是通过日常互动来传递的。如果父母能够乐观地看待孩子的失败与错误，孩子也能够学会乐观地看待自己的失败和错误。

因此，父母需要先学会乐观。我们许多时候不容易原谅孩子的错误，也是不够乐观的一种表现；而当我们把孩子的错误归结为"暂时性的、针对特定情况的、能力暂时达不到或者努力不够等"原因时，我们就会更容易原谅孩子。比如，孩子打碎了一只碗，如果父母觉得这只是因为孩子年龄小，精细动作发展不够完善，就很容易原谅孩子，火气也不大；而当父母认为这个孩子总是毛手毛脚时，就特别容易对孩子发火。

一位有抑郁倾向的来访者来咨询时，讲到自己与儿子间发生的一件事情：

昨天晚上，她为孩子说英语的事揍了孩子。起因是孩子老师布置作业，在群里的口语角打卡，用英语自我介绍，其他孩子都说了，她让儿子说，可是儿子死活不开口，儿子说害怕自己说错了，老师熊他。她就有点着急，害怕什么呀？可是儿子就说害怕。她很重视孩子的英语，暑假提前给孩子报了英语班，花了不少钱。可是真到了学校上课的时候，孩子竟然连一句话也说不出来，她感觉自己的钱都白花了！再加上她最近找工作不太顺利，因为恐惧面试，总是白白错过许多机会。她对自己的表达能力不自信，看到儿子竟然也像自己一样连句话都不敢说，又过于注重自己的表现，害怕这、害怕那，她觉得儿子将来也不会有什么出息，想到这，她顿感人生无望，于是对着儿子又打又掐，疯狂发泄了一通。

第二天来咨询时，她的状态好一些了，很后悔自己前一天对儿子发火。咨询中，我又详细了解了她儿子当天的状态。原来，他儿子前一天没有睡好，第二天下午又去踢球了，到晚上十点多她让儿子说英语，儿子有点累了不想说，可是她看群里其他同学都说了，就非逼着孩子说。孩子说了一句，她又感觉语音语调不行，让他重说，儿子就不愿再说了。我把这些呈现给她，她也意识到是自己的思维过于极端了。因为儿子说不出口的一句英语，联想到了儿子这辈子都完蛋了，于是才对儿子下了狠手。我又引导她看到孩子当时只是因为没睡醒、累了、困了所以状态不好、没能量了，她的情绪也由阴转晴，这时，她重新看到了孩子的好，说孩子其实并不像她那么怂，在台上表演架子鼓时特别投入、一点都不怯场，跟老师、同学交流也都挺好的，她就不那么难受了。

这位来访者的抑郁倾向也是这种思维方式带来的，容易把一些失败、错误归结为自己不好、自己不行，彻底完蛋了，没救了，越想越难过，陷入抑郁的泥淖无法自拔。许多家长对孩子不可遏制地发火也是出于这个原因。所以，从正念入手看到自己的情绪变化，进而看到自己是怎样思考的，尝试改变思维方式，情绪也会跟着好起来，就比较容易原谅孩子了。

另外，我们常常把错误当成不好的事情，这是因为没有看到错误的价值。从显性方面看，做错了事情，造成一定的损失，这是错误不好的方面。但是从隐性方面看，错误是有珍贵价值的，它让我们看到了哪个地方容易出错，下次多加小心，减少错误的发生；还能让孩子看到自己在哪个方面还有待成长，着重在此下功夫。智慧来自对待错误的方式，家长要教会孩子乐观、轻松地对待错误，不害怕犯错，并且善于从中吸取经验和教训，孩子的人生之路一定会越走越宽。

回应锦囊三：学会原谅自己

我不是一个善于原谅自己的人。如果犯了错，我经常在脑海里一遍遍重复自己所犯的错误，越重复越感觉自己不可饶恕，情绪也随之跌入低谷。这对于我有一定的好处，会让我面对错误时不找借口，比较愿意承担责任，但有时候也会因为过度自责而深陷于情绪中，难以真正有效地解决问题。后来，我通过学习心理学，了解了自己的这种思维模式，开始学着去改变它——犯错后尝试找一些"外部的、暂时的、针对特定事情的"原因，虽然看上去有些像"找借口"，但实际上这能够帮助我从自我攻击的思维中走出来，原谅自己，然后把精力集中到如何处理当下的问题上，这让我能够以一种更加轻松的态度面对人生。错误也罢，失败也罢，都是一种经历，都是磨炼我们、助我们成长的试金石，遇到事情多问"我学到了什么""我有什么成长"，思维就不再局限于一时的利弊得失，面对事情时内心也少了很多慌张，多了更多笃定。

我发现，当我学着越来越能够原谅自己，我也越来越能够原谅孩子，不再总是"上纲上线"，由一件小事引发一场内心大地震；而总是在孩子做错事时发火，也意味着我们在自己做错事时不那么容易放过自己。孩子常常就像镜子，清晰地映射出我们内心的样子。

◇◇◇◇◇◇◇◇◇◇◇◇◇◇◇◇◇◇ 回顾与思考 ◇◇◇◇◇◇◇◇◇◇◇◇◇◇◇◇◇

重点回顾

※ 孩子犯了不是原则性问题的小错时，需要得到父母的谅解，这些行为被称为谅解型行为。

谅解型行为分为两类：一类是父母教育观念认可但损失不可接受，如孩子因为身体能力或者知识经验不足，在尝试做事和探索的过程中损坏物品或浪费东西；另一类是父母教育观念不认可但损失可以接受，如孩子因为没有形成巩固的良好习惯而犯错误。

※ 面对孩子的谅解型行为，父母需要把握好两个原则。

态度上要尽可能地理解孩子、接纳孩子，但行为上不能一味地放纵孩子，要引导孩子为自己的行为负责。

※ 谅解型行为有三个回应锦囊。

1.正念养育：孩子做错了事，家长会出现生气、伤心、难过等情绪，这都是很自然的，但是"有情绪"不等于"发火"。要想做到宽容、不责备，其实不是一件容易的事情，家长需要练习正念养育，对自己的身体变化有更敏锐的觉察。

2.乐观地看待错误：当父母把孩子的错误归结为"暂时性的、针对特定情况的、能力暂时达不到或者努力不够等"原因时，就会更容易原谅孩子。

3.学会原谅自己：当父母愿意原谅自己，也就更加愿意原谅孩子。

◇◇◇

思考与实践

1.面对错误，你会原谅自己吗？请试着为一件不曾原谅自己的事情找到一个"外部的、暂时的、针对特定情境的"原因。

2.面对孩子的一个让你难以原谅的错误，请找到一个"外部的、暂时的、针对特定情境的"原因。

孩子经常会出于好玩，以游戏的心态造成一定破坏而不自知，父母要及时对这类行为进行警告，以免发生更大的意外。

—— 一位5岁男孩的妈妈

真的触犯底线了——警告型行为回应策略

孩子在成长过程中做错事是正常的，大部分错误都可以被谅解。但即便如此，原则和底线也是必须坚持的。孩子的有些行为不符合家长的教育观念，家长也不能忍受，这种行为会造成比较大的危害，也不利于孩子的成长，但因为行为已经发生，当时没能及时制止，所以要对孩子予以严厉警告，为孩子规定行为的界限，以免下次再犯，这类行为被称为警告型行为。

帮孩子理解后果，学会共情和担当

当发生攻击和破坏行为时

家有俩娃，虽然和谐的时候多，但也免不了争吵。记得柔柔四岁多、顺顺一岁多的时候，还不怎么懂事的顺顺拿起外婆刚给柔柔买的水晶球玩，一不小心给摔碎了，柔柔一看急了眼，上来对着顺顺的脸就抓了一把，顺顺被抓疼了哇哇哭，柔柔见顺顺脸上出了血，也害怕地哭了。我闻声过来，先给顺顺处理了伤口，又抱起柔柔共情她："我知道，顺顺把你最心爱的水晶球弄坏了，你特别生气。"柔柔点点头，"所以你就抓了他。"柔柔再次点头。"我知道你当时真是特别生气，但是抓人是不对的。水晶球坏了，因为顺顺小不懂事，妈妈可以替他赔偿给你一个，可是你看看，他的脸被抓破了，估计得留疤，这可挽回不了了。你能跟他道歉吗？"柔柔跟顺顺说："对不起。"顺顺还小，冲着柔柔傻笑。我又继续抱着柔柔问她："下次如果再出现这种情况，你还有其他方法表达你的生气吗？"柔柔想了想说："我可以大声说'顺顺，你干吗！'然后使劲跺脚。"我对她竖大拇指，肯定了她的想法。"我要记得把我的东西收好，别让他随便拿到我的东西。"我肯定她又想到了一个好办法。

在跟孩子讲道理之前，记得先共情孩子，让孩子感觉父母理解他为什么这么做，然后再强调行为的界限，会让孩子更乐于接受。而且，引导孩子找到正确的处理方法，避免类似事件再次发生，比一直批评和指责孩子更重要。

对于一些比较明显的打人、骂人、咬人、推人、乱摔东西等行为，家长们都会有所警觉，在行为发生之后能及时给予孩子警告。这里我想详细说一说一些比较隐秘的攻击和破坏行为，以引起家长们的注意：

邻居小恩奶奶跟我说了一件事：上午她带小恩在楼下玩，中午了，想起来要买个东西，于是就带小恩去了，寻思一会儿就回来，所以没带水杯，把它挂在健身器材上就走了。买东西回来后，小恩渴了，抓起水杯就喝，没想到喝了一嘴巴的泥！原来，杯里不知道让谁给装了好多沙子。到底是谁这么缺德，干这种事？！后来，小恩午休，从三点多一直睡到六点还没醒，这下可把小恩妈妈急坏了，该不是谁在孩子的杯子里放药了吧？小恩妈妈坐不住了，给管家说要查监控，看看到底是谁干的，物业管家答应着，但是一直没给回复。我听了之后，心想肯定是谁家孩子恶作剧了，问我家俩孩子是不是他们干的，他们俩都摇头说不知道。

结果第二天，管家发给我一个视频：俩孩子正在往一个杯子里装沙子！我一看就蒙了。这不就是我家的俩孩子吗？！昨天问他俩，他们还装傻充愣，说不知道，结果真的是他俩干的！

我真是气不打一处来，把他俩叫了过来，让他们看监控视频。现在被抓了现行，再问是不是他们，他们说是，问他俩为什么要这样做，他们说"看着小恩的杯子在这，就想捉弄他一下，让他喝一嘴泥，觉得这样会很好玩"。两人一唱一和、说干就干，真的把小恩的杯子装满了沙子。我问他们为什么昨天不承认，他们说是因为没听清楚我的问题。

我知道，他们这是在为自己找借口，是知道自己做错了不敢承认；而他们不敢承认错误，是害怕我责备他们。如果我再严厉地批评他们，会让他们以后更加不敢面对自己的错误。我得通过行动告诉他们，做错了事情没什么可怕的，重要的是能够勇敢地承担责任，及时补救，并且总结经验教训。

我先平复了一下自己的情绪，用尽量平和的态度与他们沟通。我尝试换位思考，他们做这件事时真的是出于恶作剧，没有太大的恶意，但也不是善意。我突然想起来，前阵子柔柔曾经用橡皮泥做了一串仿真山药蛋糖葫芦，说要骗小恩吃。当时我没在意，甚至还觉得孩子这样做挺好玩，就没管，没想到，恶作剧升级了。这是我的疏忽。于是，我先跟孩子们道歉说："上次柔柔做糖葫芦开玩笑时没有及时制止她是我不对"，为孩子乐于道歉做一个好榜样，同时共情他们："我知道你们这样做只是觉得好玩，没有太大的恶意，也没想那么多。"他们拼命点头称"是"。

我跟他们说："开玩笑会给生活增添一些笑料，如果无伤大雅，可以开，但是心中要牢记这一条——必须绝对安全，不能有任何真实伤害，不论是身体的还是心灵的伤害都不可以。所以，开玩笑之前一定要想清楚，会不会给对方造成伤害。"他们表示记住了。

后来又讲到撒谎的问题，我说："我知道你们可能是害怕我责备你们而不敢承认，这不是有担当的做法。如果昨天你们承认了，咱们及时去给小恩道歉，效果会更好。现在等着管家把视频找出来再去道歉，就错过了道歉的最佳时机。我们得带着礼物补偿小恩，得请求他的原谅。所以，以后你们如果做错了事，一定要及时告诉大人，这样大人才能更好地跟你们一起想办法补救。如果不说或者不承认，只会让事情更糟。"他们点头表示明白了。于是，我和他俩一起，带着礼物去给小恩道歉："小恩，对不起，我们不应该把沙子放到你杯子里的。阿姨，对不起，害得你担心了。"看到俩孩子态度很诚恳，并且都是好朋友，小恩和他妈妈也原谅了他俩。

对于孩子来说，经常会出于好玩，以游戏的心态造成一定破坏而不自知，父母要及时警告，以免发生更大的意外。

警告不一定是通过严厉的批评或者打骂。孩子们可能光顾着好玩，没想到自己的行为会给他人造成什么样的伤害。带着孩子一起讨论、思考，帮助他们理解自己的行为造成了什么后果会更有效。因为当孩子看到自己行为的后果后，往往也就会心悦诚服地愿意为自己的行为负责，这也是培养孩子同理心的好机会。

作为父母，我们需要教会孩子不能故意伤害别人，同时警惕"无意间"的伤害——时刻牢记要尊重别人，不要因为自己的优势而贬低别人，不要肆意展现优越感去凸显自己，每个人都有属于自己的价值和能力，每个人都是"特别"的。

当孩子撒谎时

父母都讨厌孩子撒谎、找借口，认为就算孩子做错了事、学习不太好也没有关系，但不能道德品质不好，其中因为诚实被视为重要的品质之一，所以撒谎是无法被容忍的。然而事与愿违，孩子们常辜负父母的这份期盼——小的时候还好，不管什么事都会老老实实地告诉妈妈；可是等孩子有了点小智慧，口齿也伶俐了之后，就开始学着撒谎和找借口了。

最开始只是撒些小谎，比如在吃饭前妈妈问"洗手了吗"，孩子会马上回答"洗了"，可手指头还是黑的，谎言马上就被揭穿了。发现孩子开始撒谎后，父母容易上纲上线，害怕孩子今天撒小谎，明天就撒大谎，没有经验的父母一定会严厉地教训孩子："我最讨厌撒谎，我自己从来没有撒过谎。你看你的手指头还是黑的呢！现在就撒谎，以后可怎么办？"比起没有洗手，撒谎这件事的后果更严重，"撒谎！为什么要跟妈妈撒谎呢？"如果妈妈凶巴巴地训斥孩子，夸大谎言的严重性，孩子就会狡辩地说："我没有撒谎！真的洗了！"，并一直坚持自己的谎言。如果只盯着孩子的谎言，孩子就会绞尽脑汁找借口来辩解，或者为了掩盖一个谎言而撒更大的谎。孩子不停地撒谎和找借口，很多时候是因为不想被妈妈训。"撒谎不对""找借口是狡辩"，其中的道理虽然对，但是凶巴巴的逼问只会使孩子成为撒谎高手。

其实对于洗手这件事，最简单的做法就是对孩子说："手还没有洗干净啊，再去好好洗一遍。"也就是说，不管孩子撒没撒谎，首先要让孩子知道他该做的事必须做好，也让孩子明白撒谎是没有用的。

在前面的例子中，我家两个孩子做错了两件事，一件是往别人杯子里倒沙子，另外一件就是撒谎，在我前一天晚上问是不是他们干的时，他们没有承认。这样的做法就是不诚实，不愿意承担责任。有的家长可能会问，懂教育的人教育出来的孩子也会不敢承认自己的错误吗？孩子有自我保护的天性，往往下意识地就会撒谎。让孩子承认自己的错误需要他们克服内心的恐惧，是需要很大勇气的，这份勇气需要父母多加鼓励，小心呵护。他俩平常还算能够担当，这一次可能是因为听了小恩奶奶的叙述感觉事情好像非常严重，所以没敢承认。越是这个时候，家长越是要给孩子勇气，不要再次严厉责备孩子，给孩子扣上"爱撒谎"的帽子，让他们不敢面对自己的错误。

　　顺顺常常东戳戳、西弄弄，一会儿把鱼食撒了满地，一会儿把墙抹上了灰，一会儿又洒了水……我看到后问是谁弄的，他经常撒谎不承认。这时我就说:"敢于承认错误的小朋友是最勇敢的。"然后他就会认真地想想,并且承认是他弄的。我会温和地说:"你是最勇敢的小朋友!给你一个大大的赞!"说完就用大拇指在他的额头上印一下,"接下来,让我们一起看看如何处理吧!"通常都是我们一起想办法把撒了满地的鱼食扫起来,把抹脏了的墙擦干净,把洒了的水拖干净;后来,顺顺会主动去收拾,收拾完了回来告诉我:"妈妈,我刚才不小心把水洒了,但是我已经擦干净了!"我又会给他一个大大的赞,为他能够承认自己的错误,也为他能够为自己的行为负责,勇于担当。

如果孩子总是撒谎,家长首先要反思自己,是不是对孩子过于严厉,让孩子不敢跟父母说实话。我一直很重视孩子撒谎的问题,不是因为撒谎事关道德,而因为这是检视亲子关系的一块重要的试金石。亲子关系好,孩子心里会知道,"无论发生什么,父母都是我背后有力的支撑,会帮助我解决问题",自己做错了事会想着去找父母求援,也就较少跟父母撒谎;亲子关系不好,尤其是父母过于严厉,孩子犯了错会遭受责罚,他就会拼命地掩盖自己的错误,因为让父母知道自己犯了错比起犯错本身的成本更高。所以,不论是面对谅解型行为还是警告型行为,父母都不要对孩子太严厉,要让孩子感觉父母是来帮助他解决问题的,而不是仅仅批评、责罚他们的,这会有助于他们乐于承认自己的错误。

许多孩子跟父母"报喜不报忧",虽然听上去是善意的,其实也是一种撒谎。成功的父母应该让儿女敢于跟你分享所有事情,不担心你会批判他、有条件地爱他，或是惩罚性地不爱他，也不用担心你会因此加重他的负担，整天无来由地为他担心。知名心灵作家张德芬曾说过："让孩子对你报喜也报忧，才是为人父母的成功。"

当孩子有"抢拿偷"行为时

有一天，我带着顺顺去闺蜜家玩，我和闺蜜聊天，儿子和闺蜜的孩子皓皓玩他们喜欢的奥特曼卡，玩到天黑。回到家，我发现儿子竟然偷偷地把皓皓的奥特曼卡给带回来了。

我表示很惊讶，问他"你为什么要偷拿别人的卡呢？"他说："这些卡我没有，我想要。"我接着对他说："如果你喜欢，你可以跟妈妈说，妈妈给你买，你不可以偷拿别人的东西，这是不好的行为。"他可能感觉到我在责备他，于是很不耐烦地说："知道了，知道了，不用说了，下次我不会拿了。"

我看他情绪很不耐烦，知道他其实没有从心里真正接受我的话，于是共情他："你感觉很烦躁，对不对？"他点点头，并且说："让我冷静冷静。"

于是我就没再说话，他冷静了一会儿，我也冷静了一会儿，尽量用平静、不带责备的语气跟他说："有两种规则，你看看哪种规则比较好。一种是去别人家玩，看到喜欢的东西就可以拿走；但是同样，别人来咱们家看到自己喜欢的玩具也可以不经过你的同意就把东西拿走，比如你最喜欢的那个大恐龙，皓皓来玩的时候也很喜欢，就可以偷偷拿回家。还有一种规则，就是不可以随便拿别人的东西，如果要拿，需要经过对方的同意；这样的好处就是别人来咱们家，想要你的东西，也需要经过你的同意。你感觉哪种规则好？"

顺顺说："我选第二种，以后我不随便拿别人的东西了。"顺顺的语气软了下来，能感觉到他是真正理解并接受了"不能随便拿别人的东西"这个规则。

然后，我就拨通了闺蜜的视频，引导顺顺对皓皓道歉。顺顺说："对不起皓皓，我没有经过你的同意就把你的奥特曼卡拿回家了，对不起，下次我不这样了。"皓皓说："没关系，你喜欢就送给你了。"顺顺感觉很高兴，他的道歉得到了善意的回应，相信他以后也更加乐意为自己的行为承担责任。

小孩子不能很好地理解物权关系，常常随意乱动别人的物品。这些行为虽然可以理解，但却不能任由发展，需要警告、制止，并跟孩子解释明白基本的规则是什么，这个过程不仅让孩子了解了规则，更增强了孩子的安全感，因为孩子明白，"我不能随便拿别人的东西，我的东西别人也不能随便拿"。

孩子嘴上说"知道了，知道了"，他内心真正知道了吗？他可能头脑中知道这样做是不对的，但是没有做到"心悦诚服"，也许下次遇到类似的情况还是会选择偷拿。父母们在与孩子沟通时经常遇到类似的情况——跟孩子讲一大通道理，孩子很不耐烦，压根听不进去。这是为什么？因为孩子感觉父母是在教训他，而他的情绪没有被看见，没有被理解。想要孩子听得进去道理，需要先在情感层面与孩子沟通。

在我看到了孩子的情绪后，孩子就冷静下来，我也冷静下来，接下来的沟通就顺畅很多。我没有指责他的行为不对，而是站在更高的角度让他看到他的行为会有什么后果，孩子理解了，做出自己的选择，心悦诚服。后来，我又引导他道歉，学会为自己的行为承担责任，而他由此得到了正向回馈，这让他对承担责任感觉良好，在以后的生活中更加愿意承担责任，成长为一个有担当、能负责的人。

回应警告型行为的两条总原则

警告型行为一般分为以下三大类。

第一类是攻击和破坏性行为。虽然孩子大部分时候都像天使一样，但是他们感觉不爽的时候也会出现攻击性行为，表现出一定的破坏性，如摔东西、故意推倒别人用积木搭建的房子、故意破坏同伴画的画、对着同伴吐口水、推人、抢别人的玩具、打人、咬人、骂人等。这些攻击性和破坏性行为不仅会造成物质上的损失，还会影响孩子的社会交往，进而影响孩子良好行为习惯的养成和人格的发展。因此，当孩子出现这些行为时，必须警告和及时引导。

同时，父母不仅要对这些显性的攻击和破坏行为给予警告，对一些隐秘的攻击性行为（如恶作剧、嘲笑别人等）也必须给予关注和重视。

当然，父母要对孩子出现破坏性行为的原因进行分析。如果孩子的破坏性行为是出于生理原因或者因为好奇而进行的探究，则属于谅解型行为；如果孩子是出于恶作剧的心态或者故意报复、发泄不满，则属于警告型行为。

第二类是有意说谎的行为。父母要重视孩子的说谎行为，尤其是那种为了掩盖错误、欺骗别人而编造的谎言，父母要注意因势利导，适时地给予警告和制止，让孩子意识到这样做是不对的，同时也要注意反思孩子为什么撒谎，是不是需求没有得到满足，或家长太严厉，比如承认了错误就要受到严厉的惩罚，孩子就会因为想逃避惩罚而说谎。

第三类是"抢拿偷"行为。抢、拿、偷别人的东西是非常不尊重别人物权而超出道德底线的行为，是需要被严格禁止的。每个人生活在这个世界上都需要基本的安全感，我的物品需要像我的身体一样被尊重，不经我的允许别人不可以随意取用。这条规则是对每一个人的保护。所以，我们需要遵守规则。

回应警告型行为，父母需要把握的原则是：

1.态度坚定但不宜太严厉

态度太软，孩子感觉不疼不痒，不会重视。但是太严厉了，可能会让孩子感觉害怕，犯了错也不敢主动承认。用坚定的态度向孩子明确行为的界限，有力度又不失尊重。

2.明确告诉孩子行为的不当之处

要用简单明确的语言清楚地告诉孩子什么行为是妥当的，什么行为是不当的，给孩子明确行为的界限，比如"打人是不对的，不可以打人""骂人是不对的，不可以骂人""乱扔东西是不对的，不可以乱扔东西"。这样孩子也更容易记住。

两个回应锦囊

回应锦囊一：就事论事

在回应警告型行为时，父母要明确告诉孩子哪种行为是不对的，切忌"乱扣帽子"，把孩子整个人都否定了。比如，可以说"撒谎是不对的"，但不要说"你总是撒谎，不是好孩子"；告诉孩子"打人是不对的"，但不要说"你总是爱打人，这个习惯可不好"。在《如何给孩子提要求》这本书中，我讲到，对于孩子来说，最重要的是帮助他建立良好的自我意识。自我意识是自己对自己的认识，它是人对自己的各种身心状态的认识、体验和愿望，可以说，它是人格形成的"旋风眼"，有了它，人格的各个部分才能协调统一在一起，形成一个有机的整合体。建立良好的自我意识，通过感觉"我能行""我很可爱""我喜欢"而让孩子感觉自己是一个很有能力、有价值、对许多事情都充满了热情的人，从而愿意为了过上自己想要的生活而努力。如果给孩子乱扣帽子，就等于把消极的自我评价写到了孩子的自我意识中，对孩子的成长极具毁灭性的影响。父母在与孩子互动的过程中，一定要注意自己的言行给孩子的大脑程序写入了怎样的自我意识。需要把握的一个原则是：积极的事情可以与人挂钩，比如"妈妈知道你是个非常认真的人""你做事情总是很努力""你总是非常热心帮助别人"，消极的事情不要与人挂钩，只与事情挂钩，比如"打人的行为是不对的，不可以打人""撒谎是不对的，不可以撒谎""破坏别人的作品是不对的"，让孩子懂得自己只是某个行为不对，只要改正了他依旧是好孩子，每个孩子都有向好之心，父母一定要小心呵护，不要给孩子贴上负面的标签。

回应锦囊二：前后一致

有的父母一面跟孩子说："打人是不对的。"一面又跟孩子说："如果别人打了你，你得还手。"不建议父母教孩子用暴力制止暴力，因为后患无穷。面对暴力，也可以尝试用非暴力的方式解决它。

在澳洲，小学低年级孩子的能力教育有很多是通过游戏、演习、体验、参与来实现的。"冷静的酷孩子"就是这样一种有趣的角色扮演，它的目的是让孩子们自尊、自信，不欺负别人，也不被别人欺负，让年幼的孩子们能用一种健康的、不具攻击性的简单方法来保护自己。

做"胆小的老鼠"还是"愤怒的鳄鱼"？在碰到霸道或不讲道理的人时，小朋友会有不同的表现。首先，老师和小朋友一起表演胆小的老鼠、愤怒的鳄鱼，并设想后果，让小朋友们意识到，做"胆小的老鼠"和"愤怒的鳄鱼"都不太好，我们要做冷静的酷孩子。

什么是冷静的酷孩子呢？首先从身体语言上，要站直、挺胸，看着对方的眼睛，大声而清楚地说话。千万不要使用攻击性语言，因为这就变成欺负别人了。那到底说什么？教室里的挂图上用大台阶显示三个步骤：

（1）"停下来，我不喜欢。"

（2）"马上停下来，不然我就去告诉老师。"

（3）"我现在就去告诉老师。"

所有孩子都被要求在这个游戏中达标，包括身体语言、精神态度、处理方法、语言使用、寻求老师帮助等方面。老师会对每个学生在模拟游戏中的表现做出详细记录，同时标注出哪些同学还需要老师的格外关注以及帮助。

挂图和"语言三步骤"都贴在预备班教室的墙上，在接下来的一段时间里，年幼的孩子也会不断被提醒做冷静的酷孩子，尤其是孩子之间发生冲突时。

家长们不妨也带着孩子一起进行这个练习。

回顾与思考

重点回顾

※ 警告型行为不符合家长的教育观念，也不能被忍受，会造成比较大的危害，不利于成长，但因为行为已经发生而没能及时制止，所以要对此警告，并规定清晰的行为界限，以免下次再犯。

　　警告型行为一般分为以下三大类：① 攻击和破坏性行为，如摔东西、打人、推人、骂人等；② 有意说谎的行为；③ "抢拿偷" 行为。

※ 回应警告型行为，父母需要把握两条原则。

　　1.态度坚定但不宜太严厉：向孩子明确行为的界限，有力度又不失尊重。

　　2.明确告诉孩子行为的不当之处：清晰地阐明哪种行为是不妥当的，给孩子明确的行为界限。

※ 警告型行为有两个回应锦囊。

　　1.就事论事：切忌 "乱扣帽子"，把孩子整个人都否定了。凡事要以培养孩子积极的自我意识为最终目的。

　　2.前后一致：不对的行为就是不对的，父母要尽可能避免出现 "双标"，让孩子产生混乱。

思考与实践

　　你的孩子经常对你撒谎吗？如果没有，恭喜你；如果是，请注意反思自己的教育方式是不是太严厉，并尽可能修正自己的态度和方法。

孩子大叫着"妈妈，你快过来看"，这往往是他们的努力需要得到父母肯定的时刻，你的一个鼓励的眼神，就让他们的努力有了意义。

——一位5岁男孩的妈妈

干得漂亮，你真棒——赞赏型行为回应策略

孩子不总是在与父母对抗。大部分时候，他们能够主动完成作业、专注地玩玩具、帮爸爸妈妈拖地刷碗、愿意探索新事物……在这些活动中，孩子的多种能力得到锻炼与发展，而且获得了成长，家长也对此十分欣喜，会不由自主地想要给予赞赏，期待孩子能经常主动这样做，因此这些行为被称为赞赏型行为。

帮孩子找到努力的意义

赞赏孩子的"高光时刻"

在孩子的"高光时刻"，父母的赞赏一定要到位，在孩子有演出、比赛或者毕业典礼时，家长无论多忙都一定要抽时间参加——它们往往饱含孩子多年的心血和大量的付出，孩子们需要父母陪着他们一起见证这份丰收的喜悦；如果父母不能出席，孩子一定会特别失落。

少年宫舞蹈艺术团时隔六年又开始纳新啦！柔柔从三岁多就开始学舞蹈，到现在已经学了五年了，进入艺术团是我和她共同

的梦想。艺术团共招三十人，可报名群已经超过两百人！人才济济，柔柔能成功吗？

考试分为三个环节：第一项是基本功，主要考察下叉、下腰等基本功；第二项是跳一个舞蹈组合；第三步是随音乐自由舞蹈。

离考试还有两周时间，我和柔柔一起制订了计划：每天坚持练半个小时左右基本功，周末重点突破之前做不好的部分；准备好的舞蹈组合每天跳一遍，以防忘记；每天播放一段音乐，自由舞蹈，感受舞蹈的韵律。

小伙伴来叫她出去玩，她说："不出去了，我得练习舞蹈。"果然，每天她都认真在家练习，一点都不偷懒，练习效果特别好，许多之前做不到的动作现在都做到位了。我高兴地说："即便进不了艺术团，在为它准备的过程中你也是收获满满，这就是比赛的意义。"借机，我又跟她讲了讲"表现型思维"和"成长型思维"，表现型思维就是特别注重比赛的表现，如果失败了会一蹶不振，认为"完了，没有意义了"；而成长型思维会把每一次比赛都当作成长的机会，即便结果不理想，也实现了自我超越，获得了成长。我问她要选择哪种思维呢？她说："当然选成长型思维！"这是她第一次面临这种选拔性的考试，心理建设要提前做好。

考试之前，我们一起分析了考试的流程，会有哪些细节、哪些注意事项，最后上台前我又鼓励她："妈妈相信你一定可以入选的，你要是入选不了，那就没谁能入选了！把状态放轻松，状态好了，就没问题了。"比赛后，柔柔说："我扳腿扳得特别直！"我回应她："是呀！我就知道你是那种比赛型选手，越是面临比赛，你的斗志越会被激发出来，做得越好！现在，咱们就把比赛放下，出去吃顿大餐，庆祝一下咱们这段时间的努力！"

比赛结果出来后，柔柔如愿以偿，高兴得蹦了起来，然后飞跑到我身边，我把她抱起来转了个圈，然后一起击掌庆贺！我也特别高兴，不仅是因为孩子进入了艺术团，更重要的是，这种"付出努力—得到收获"的信念会因为这次成功而写入她的人生脚本，日后，即便没有我在她身边支持和鼓励，她也会懂得为了想要实现的目标而付出努力，进入一种良性的循环中。

在柔柔学习舞蹈的这些年，她尤其喜欢练让别的孩子都发怵的基本功。一是因为她的身体素质不错，兼具力量和柔韧性，许多动作比较轻易就可以做到；二是因为她有一种劲头，做不到的动作就一定要多加练习直到掌握，之后她会特别高兴——这种经由练习达到目标的快乐为她的意志感和自我价值感建立了通道，也就不需要我多加催促了。老师也会在课上让她给其他小朋友做示范，社会价值感随之而来，她越学越带劲。

过了一个暑假，柔柔胖了不少。天太热，她不愿出去活动，整天窝在家里，除了学习就是跟小伙伴玩桌游，基本不运动；柔柔又是小"吃货"一枚，每天不住嘴地吃，增重是必然的。她的舞蹈老师见一次说一次："少吃点，晚上多运动！"柔柔这个年龄还在长身体，不能让她少吃，但多运动还是必要的。

晚上我会带她下楼跑步、跳绳，周末有空就去爬山。有一天，我突发奇想，带孩子去跑了十公里的迷你马拉松。他们小的时候，我就经常带他们参加五公里的亲子马拉松，现在大点了，可以挑战十公里。我先跟柔柔商量："我有一个想法，带你们去跑十公里，如果你们跑下来，我就给你们买最喜欢的那个'抓娃娃机'！"一开始，可以给点物质奖励增加一下努力的动力。果然不出所料，柔柔上钩了："好耶！好耶！"

于是，我们来到森林公园，那里有环形跑道，环境也非常优美，很适合跑步——让环境赏心悦目是乐跑的第一步！

一开始，他俩劲头很足，兴冲冲地飞跑起来，但有速度没耐力，没多久就撑不住了，开始跑跑走走，我对他俩的要求不高，只要能够跑下来十公里即可，速度快慢无所谓。我们变着花样跑，前后跑、蛇形跑、跳着跑，有时边跑边捉迷藏。我还故意假装跑不动了，让他们快速超过我，在前面等着我。跑过六公里，我一边跟他们打气："已经跑完一大半咯！"一边怂恿他们："放弃吧！你们要是跑完了，我又得破费啦！""哼，才不要放弃！不让你省钱！"最后两公里，我和他们玩起了"失踪"。他俩找不到我，也不偷懒了，快速跑完，来到存包处等着我，就这样，十公里在轻松快乐中跑完！

我跟他们击掌庆贺："耶！你们竟然真的做到了！太牛了吧？！这么小年纪就能挑战十公里，我本来寻思你们跑不下来的，呜呜……看来我真的要破费啦！"

回到家一上秤，竟然轻了三斤，柔柔高兴坏了："我去跑步不是为了减肥，就是为了娃娃机，没想到竟然减肥了？"我问她以后还跑吗，她很开心地说："当然跑！我要减肥！我要变瘦！"问他们累不累，他们说脚有点疼，身上不累。我说："你们竟然不累？可是我快要累死了！"他们边笑我，边又蹦蹦跳跳地下楼

玩去了，还跟小伙伴炫耀："我们今天挑战了十公里，我妈妈都
快累死了，我们却一点都不累！"

跑十公里对他俩来说是一个不小的挑战，但是他们做到了。父母不妨多
带孩子进行一些类似的活动，因为这些挑战与比赛不同，不需要战胜对手才
能赢，孩子们唯一需要战胜的就是自己，相对可控，也比较容易体验到成就
感，具有非常好的激励作用。

我兑现了自己的承诺，给他们买了抓娃娃机，可是后来，吸引他们继续
跑下去的动力已经超越了"抓娃娃机"：在森林公园进行户外运动，本来就
是一件很开心的事情；边跑边玩游戏的经历是很好的亲子陪伴；我怂恿他们
放弃，他们不放弃，这件事情就从"被要求"变成了"我想做"；我跟他们
击掌庆贺，为他们的坚持点赞，我跑完很累他们却感觉很轻松，这让他们感
觉自己很厉害，又多了一项可以跟小伙伴炫耀的资本；顺便可以减肥……可
以说，跑马拉松成了一本万利的事情，他们从中建立了"快乐通道"，下次
会继续选择用这样的方式寻找快乐。后来，亲子马拉松就成了我们每个周末
的固定项目。即便没有物质奖励，他们也愿意坚持下去。

确认生活中的小成就

不仅大成就需要得到奖赏，日常生活中许许多多微小的成就也等待着父
母的确认。父母要善于发现，并毫不吝啬地给出肯定和赞赏。

孩子们常常把房间收拾得干干净净，还把长长的兔子玩偶放
到阳台上，再摆上抱枕，很有美感，我走进去就会感觉很惊讶：
"哇！收拾得这么干净！你们还把房间装扮得这么漂亮，很有艺

术气息呢！"他们会自己动手设计一些游戏或者玩具，比如用磁力片搭成一排排的拆拆乐，每个里面都有一个小玩具，然后猜拳决定谁来拆，我会凑过去饶有兴趣地陪他们玩一会儿，并表示这个游戏很有趣；柔柔喜欢用旧衣服设计新衣服，我总是鼓励她"将来要去当服装设计师"；有时，她会拿出自己的化妆品给顺顺化妆，再让他穿上自己设计的衣服，打扮成潮女郎，我用拍照记录来表示认可；他们会从小视频中学一些小玩具的制作方法，自己动手制作，前阵子刚刚做了个饮水机：就是在饮料瓶上打一个孔，把吸管插入后，拧开瓶盖就会出水，关上瓶盖水就不流了，我夸他们善于动手，并且尝试用他们的作品喝水；他们会学一些生活小妙招，有一天听说衣服上有油，只要倒上洗洁精使劲搓洗就能解决，便迫不及待地去尝试，果真如此，我就夸他们比我洗得还干净；他们还会把绘本或者书中好玩的片段画下来，反复不断地看着傻笑或者一起表演，我会参与其中扮演一个小角色，跟他们一起玩味……面对孩子的这些创意或者突发奇想，我总是默默提供支持，当他们做好时陪着他们一起笑，或者表达我的惊喜之情。然后，孩子们的创意就会像水一样汩汩流出，源源不断。

当孩子激动兴奋地拉着你的手说"妈妈，你快点来看"时，你最好放下自己手里正在忙活的事情，去看一看孩子小小的成就。不需要过多的语言，看一眼，给孩子竖一个大拇指，或者是惊叹一声，就是对孩子莫大的鼓励，就是他们继续努力下去的动力——此时，父母就和孩子同频共振了。情绪同频是建立连接最有效的一种方式。当孩子开心的时候，有人陪着他笑，当孩子难过的时候，有人陪着他哭，他就不会觉得孤单。因为他知道，此时他的情绪有人懂。

要尽量少用物质奖励，因为这容易让孩子把焦点放到物质上，而忽略了正在做的事情本身的价值。可以使用积分、抽奖等方式弱化赞赏型行为与物质奖励之间的联系。如果抽奖，奖品种类也要丰富，不仅有物质类，还要有亲子互动类的奖品。

为了激励孩子们，我家设置了一个盖章本。口算全对、考试全对、听写全对、阅读半个小时、刷一次碗、拖一次地、认字十个……都可以盖一个章，十个章可以兑换一次抽奖。抽奖箱里写满了五花八门的奖品：有食物类的，如棒棒糖一个、脆脆鲨一个、刀子糖一个、脉动一瓶；有玩具类，如不倒翁一个、挂链一个、抽龙珠一次；有文具类，如小本子一个、小橡皮一个；有陪玩类，如陪打羽毛球一次、陪玩摸瓜一次、陪玩小泥鳅一次……孩子们对于这个神奇的抽奖箱充满兴趣，时不时就会问我："我多少个章了？"有时为了得到章，就会努力去做一些赞赏型行为。

时间长了，孩子们还会发明出属于自己的奖励方式。比如，有段时间他们特别迷在家里玩套圈，于是商定好十个章可以换十个圈，我把小奖励放到地上供他们套着玩；还有一段时间，孩子们间流行抽龙珠，我又给他们买来龙珠，十个章可以换"抽龙珠一次"。当奖励的方式与孩子们内心的渴望同步时，这种奖励就会散发出无穷的魅力，激励孩子们努力前行；同时，这也是我看见孩子、走进孩子内心世界的一种方式。我为他们准备他们想要的奖励，他们通过自己的努力得到这份奖励，这是双赢。孩子们对我充满感激，觉得妈妈特别理解他们；我也对孩子表现出来的好状态感觉欣慰，同时因自己能与孩子保持内心同步感觉十分安宁。

时间长了之后，他们已经不太在意奖品本身了，而更在意"我有多少个章"。章就像孩子世界的通用货币：在学校里，老师会给孩子们盖章奖励；在家里实行这种盖章奖励制度，某种程度上还能弥补孩子在学校得不到章的失落感，是平衡孩子心理状态的一种有效方式。

赞赏表现不好的孩子

《史蒂夫·乔布斯传》中讲到主人公幼年的几个故事，向我们展示了乔布斯养父母的教养方式对他产生了怎样的影响。

有一天，六七岁的乔布斯跟住在对街的女孩聊天，他告诉对方自己一直知道自己是被领养的，结果女孩云淡风轻的一句话给他造成了毁灭性的打击："那是不是意味着你的亲生父母不要你了？"乔布斯愣住了，然后哇哇大哭着跑回家，问养父母是不是那样。养父母愣了一下，然后一字一顿地告诉乔布斯："不是的，是我们专门挑的你。"简简单单的回答让孩子从"被抛弃、不要了"翻转到"被挑选"，这是一个巨大的肯定，也是十分有力的赞赏。

养父母对乔布斯的教育很成功，他们从小就知道乔布斯与众不同，比一般的孩子聪明很多，当然缺点也更多，但他们相当迁就这个任性的孩子，尽力去发展他的优点，而忽视他的缺点。青少年时期的乔布斯调皮到了差点要坐牢的程度，经常在学校玩各种恶作剧，有一次甚至点燃炸药去作弄老师，好几次被学校要求请家长、劝退，甚至被直接送回家。面对这样调皮的孩子，一般父母估计会被气得失去理智，但乔布斯的养父母没有，反而对他充满耐心。每次乔布斯捣了乱，养父保罗都会跑去学校跟老师讲："听着，这不是他的错，如果你提不起他的兴趣，那是你的错！"保罗认为责任在学校，是学校没有激发乔布斯的学习兴趣，这样的"偏爱"保护了乔布斯的自由和想象力。学校开始研究如何"调教"乔布斯，劝退不行，就让他跳级了，但乔布斯还是没办法在课堂上认真听课。直到一个叫伊莫金·希尔的老师在观察了乔布斯几个星期后，终于找到办法让他走上正途：她递给乔布斯一本满是数学题的练习簿，然后告诉他，如果他能解出这些题，她就会把手中那个超级大的棒棒糖奖励给他，并另外再给他5美元。这个办法相当奏效，乔布斯喜欢这种挑战，他总是没两天就把题解出来，然后又继续新的挑战。到了最后，乔布斯不想再要奖励，而只想得到希尔的认可。后来，乔布斯把希尔称为"我生命中的圣人之一"，表示如果没有她，自己很可能去坐牢，因为那个时候，他的恶作剧已经充满危险因素！

对于表现好的孩子，父母给出赞赏是一件很容易的事情，对于调皮捣蛋、打架斗殴、学习不好又不肯努力的孩子，想要给出赞赏似乎真的很难——但是，即便全世界都可以放弃他们，唯独父母不可以。父母需要透过孩子的行为，看到背后那个闪闪发光的内核。这一点，乔布斯的养父做到了。他在面对学校的责难时没有暴打孩子、怀疑孩子，而是替孩子建立了一个保护罩，要求学校想办法引导孩子。正是这样的坚持，迎来了孩子的伯乐——伊莫金·希尔老师，她引导孩子走向了正途。试想，如果养父听从学校的建议让乔布斯退学，乔布斯极有可能成为一个破坏力十足的社会混混儿。

赞赏真的会产生奇迹。闻名遐迩的教育片《放牛班的春天》讲述的也是这样一个教育的奇迹：

电影用"放牛娃"代指那些有问题的学生，由这些在家长们眼里的差等生组成的班级，就是"放牛班"，他们被视为没有希望的一群人。这些孩子的成长环境都很差，因为成长的道路上缺少父母的关爱和陪伴，他们的性格怪异，行为极端，调皮捣蛋是家常便饭。校长和这里的老师们更是体罚狂魔，只要学生出错便会施展严厉的体罚。久而久之，学生们习以为常，还会组队和老师们对抗。

这种不良的教育氛围随着一个新老师马修的到来被打破了。马修第一天来到学校就见识了这群"坏学生"捣蛋的功力。一个学生当着他的面弄伤了一位老师的眼睛，校长知道后瞬间怒火冲天，他召集全校师生，准备找出凶手严惩，可是学生们很团结，校长在台上喊破了喉咙也没人主动站出来，不得已只能使出必杀技，那就是一人犯错，全校学生连坐，他还让马修选择一个替罪羊，马修很不情愿，可是迫于校长的威严只能盲目选择了一个，名字被报出来后，大家哄堂大笑，原来，被选择的是全校最弱的那个学生。

随后，在他的第一节课上，学生们就公然挑战他的权威，面对学生的捉弄，马修没有像其他老师那样暴力镇压，反而一门心思地为学生遮丑掩盖，使他们免于校长的惩罚。他的这种"怀柔政策"很快就收到了效果，那个弄伤老师眼睛的学生主动站出来承认了错误，还主动去照顾受伤的老师，直到他痊愈为止。

更令人称道的是，一个学生在黑板上画了他秃头的画像，他看到后不仅没发怒，反而一本正经地修改起来，如此幽默滑稽的情景引得同学们哄堂大笑，轻松的氛围很快拉近了他与学生们的距离，为后来组建合唱队打下坚实的基础。

电影的高潮部分是组建合唱队，马修老师偶然间听到一个学生唱歌，歌词尽管是在嘲笑他，但马修老师并没有批评他，而是鼓励他唱完，还教会他正确的发音。正是从这一刻开始，马修老师有了组建合唱队的想法，他一对一地听学生歌唱，然后按照高低音给他们分类，全班同学都在这个合唱队中有一席之位，他还发现最能捣蛋的皮埃尔歌唱天赋最高，于是特地在合唱队里安排了一段独唱。正是这段经历为后来皮埃尔的成功埋下了一颗希望的种子。合唱队大获成功，名气越来越大，孩子们也在歌唱过程中悄悄地发生了变化，他们不再调皮捣蛋，不再惹是生非。可以说，孩子们后来取得的成就大部分都跟这段经历有关，因为马修老师改变了他们，他用这世间最温暖也最有力量的爱去安抚孩子们受伤的心灵，让他们从问题学生变成好学生，也变成更好的自己。

孩子是在不断成长变化的。他们的思想还不成熟、心智还不稳定，需要有经验的成人轻轻点拨，就极有可能实现华丽的人生逆袭。所以，父母作为孩子最亲近的人，要时时刻刻有一双善于发现的眼睛，孩子表现好的时候及时肯定，表现不好的时候也要保持信任，努力找到引导的方向就能让孩子展现出美好的一面。

回应赞赏型行为的三条总原则

赞赏型行为符合父母的教育观念，孩子表现出赞赏型行为时，父母往往十分高兴，本能地乐意给予"奖赏"，或是用语言表达称赞与表扬，比如"宝贝太棒了"，或是用物质的奖励，比如吃一顿大餐、买一件礼物，希望以此激励孩子做出更多类似的行为。可令父母们十分困惑的是，如果处理不当，奖赏许多时候不是增加了孩子的赞赏型行为，反而降低了孩子做出赞赏型行为的频次——这是因为奖赏的方式不对。

我们给予孩子奖赏，最终的目的是培养孩子的自尊，让孩子学会自我欣赏、自我悦纳，建立起较高的自我价值感，进而让孩子充满自信，并且敢于挑战。如果不能达到这样的目的，就说明我们的奖赏走偏了。

避免赞赏走偏，父母需要做到以下几点：

1.看见孩子的成就

在给出赞赏之前，最重要的是先找到赞赏的具体行为，以免"马屁拍到了马蹄上"，最好能用自己的话总结一下看到的内容。比如，孩子向我展示他们收拾好的房间，我会说："哇，我看到房间被收拾得干干净净，而且抱枕摆放得很有艺术感，整个房间看上去特别漂亮。"他们就会开心地说："我们干的！"有的家长太敷衍，嘴上说着"真棒，你太厉害了"，眼睛却离不开手机，孩子自然会感受到父母的心不在焉，因为他们没有"看见"孩子。

2.表达感受而不是评价

看到孩子把房间收拾整洁，我会闭上眼睛深深地呼吸一口新鲜空气，还会到床上躺一会儿，并且跟孩子说："我在这样的房间感觉呼吸都更加顺畅了，躺在床上也感觉特别放松。"这就是在表达我的感受。这样的感受是真实的、自然的，毫不做作和夸张，孩子们听了很受用，我和孩子之间也形成了深层的连接。

3.发展孩子的自我价值感

请感受这两句话的不同："你赢得了比赛，妈妈感到很高兴。""你赢得了比赛，妈妈为你感到很高兴。""妈妈感到高兴"的重心在妈妈，而"为你感到高兴"的重心则在孩子身上。当孩子做出一件事来寻求父母的赞赏时，重心在某种程度上转移到父母身上，仿佛父母拥有评判孩子做得好与不好的决定权，这就会让孩子太在乎别人的评判。父母一定要注意，要时刻把重心放到孩子身上，让孩子感觉自己做得很好，请孩子自己来评判，发展孩子的自我价值感。比如在孩子为加入艺术团准备时，我引导她用成长型思维来看待整个过程，在准备的过程中收获更多成长，即便最后没能选上也能接受失败。如此一来，孩子的重心就始终在自己身上，而不是被外界的某个人或者某件事定义。

三个回应锦囊

回应锦囊一：赞赏在前，挑毛病在后

孩子需要父母的鼓励和赞赏，就像植物需要阳光和水分，那是他们努力的一个非常重要的动力，我们称之为"社会价值感需求"，它是孩子的五大基本心理需求之一。可有的父母非常吝啬给出自己的赞赏。之所以这样，有的父母是因为对孩子要求太高，总看不到孩子的优点，感觉自己的孩子不优秀，什么都做不好，没什么可赞赏的；还有的父母担心表扬太多让孩子骄傲，或者追求完美的心态作祟，所以专门找孩子做得不好的地方。

父母的赞赏对孩子来说是必不可少的，只有得到了父母的肯定，孩子才会有更努力的动力。真要"挑毛病"，也要先给出赞赏。将心比心，设想你加班加点辛辛苦苦做出来项目书，拿到老板那里，如果老板劈头盖脸就是一顿"挑毛病"，你心里一定十分生气；如果老板先是看到你的付出，"这段时间加班辛苦你了"，然后粗略翻一下后对你做的项目书点头称许，并且在认真查阅的基础上提出几个需要改正的点，你一定会继续努力，争取把项目做到更好。这就是赞赏的力量。

所以，努力赞赏你的孩子吧！如果他确实比较棒，做出许多优秀的表现，那就尽量不要错过孩子的高光时刻；如果孩子暂时没有取得突出的成就，那就赞赏孩子在点滴生活中的小成就以及认真的态度和努力的过程。就像"生活中不缺少美，而是缺少发现美的眼睛"，赞赏也是如此。父母要学会赞赏孩子，因为你的一个眼神肯定，孩子的努力就有意义。

回应锦囊二：善用"惊讶"和肢体语言

面对孩子的赞赏型行为，我最经常给出的回应是："呀！你竟然做到了！"语气中透露出来的不可思议就是对他们极大的肯定，让他们感受到巨大的满足感。我从不吝啬自己的这种惊讶，"天呢！""哇！""呀！"这不是装出来的，而是真的有被孩子们惊讶到——虽然不是什么惊天动地的大事，但对孩子们来说是很难的。这种"惊讶"表达出他们让父母刮目相看了，突破了父母对他们原有的认识，比夸他们"厉害""牛"别有一番"风味"。

肢体语言也很重要。眼睛一亮、微微一笑、惊讶的表情，或者蹲下来饶有兴趣地参与一下他们的活动、体验一下他们的发明成果……这些"动作"本身就是极好的赞赏方式，它表示一种接纳、一种兴趣、一种包容，比语言更有力量。

回应锦囊三：赞赏孩子的努力

比起赞赏孩子取得的成果，父母更需要赞赏孩子努力的过程。成果是看得见的、自然而然的，无须多说就能被感受到。但是努力的过程不一样。有时，努力不一定产生想要的成果、达到想要的目标，它是相对隐性的，也是特别容易被忽略的，因此，父母需要经常赞赏孩子们努力的过程。

同时，努力也是在通向成功的路途中，最能抓得住的东西。如果孩子拥有了努力的品质，结果大概不会差。所以，赞赏孩子的努力，也是助力孩子将来做事比较成功的法宝之一。

当然，对努力最好的奖赏就是成就感。让孩子获得"成就感"一直是我十分注重的。这种"成就感"不仅仅是现实意义上的成功，看到自己的进步，由"做不到"到"做到"，成就感自然就来了。比如在柔柔学舞蹈练习基本功的过程中，每次从"做不到"到"做到了"，我都会跟她一起击掌庆祝一下，然后加上一句"你努力练习，终于做到了，恭喜你！"当孩子做不到时，就会不断努力，直到做到为止。

回顾与思考

重点回顾

※ 给予孩子奖赏的最终目的是培养孩子的自尊，让孩子学会自我欣赏、自我悦纳，建立较高的自我价值感，进而让孩子充满自信，并且敢于挑战。

回应赞赏型行为，父母需要做到以下几点：

1.看见孩子的成就。

2.表达感受而不是评价。

3.发展孩子的自我价值感。

※ 赞赏型行为有三个回应锦囊。

1.赞赏在前，挑毛病在后：如果孩子确实表现优秀，那就尽量不要错过孩子的高光时刻；如果孩子暂时没有取得突出成就，那就赞赏孩子在点滴生活中的小成就以及认真的态度和努力的过程。

2. 善用"惊讶"和肢体语言："天呢！""哇！""呀！"等表示惊讶的词语会让孩子特别受用，眼睛一亮、微微一笑、惊讶的表情，或者是蹲下来饶有兴趣地参与一下他们的活动、体验一下他们的发明成果……这些肢体语言也是很好的赞赏。

3. 赞赏孩子的努力：父母需要经常赞赏孩子们努力的过程。

思考与实践

请观察你的赞赏让孩子的赞赏型行为变多了还是变少了？如果变少了，是因为什么？并思考如何调整。

参考文献

[1] 安东·尼迪本德，劳伦斯·科恩. 亲子打闹游戏的艺术 [M]. 伍娜，译. 北京：中国人口出版社，2016.

[2] 岸见一郎，古贺史健. 被讨厌的勇气 [M]. 渠海霞，译. 北京：机械工业出版社，2020.

[3] 艾琳·斯奈儿. 正念养育：提升孩子专注力和情绪控制力的训练法 [M]. 曹慧，等译. 北京：化学工业出版社，2017.

[4] 黄仕明. 停止你的内在战争 [M]. 北京：民主与建设出版社，2022.

[5] 马丁·塞利格曼，等. 教出乐观的孩子 [M]. 洪莉，译. 北京：北京联合出版公司，2017.

[6] 马克·威廉姆斯，等. 穿越抑郁的正念之道 [M]. 童慧琦，张娜，译. 北京：机械工业出版社，2022.

[7] 清流. 如何做一个情绪稳定的成年人 [M]. 北京：北京联合出版有限公司，2021.

[8] 威廉·R. 米勒，斯蒂芬·罗尔尼克. 动机式访谈法：帮助人们改变 [M]. 郭道寰，王韶宇，江嘉伟，译. 上海：华东理工大学出版社，2022.

[9] 沃尔特.艾萨克森.史蒂夫·乔布斯传[M].北京:中信出版社,2014.

[10] 威廉·西尔斯.西尔斯亲密育儿百科[M].邵艳美,唐婧,译.海口:南海出版公司,2009.

[11] 王普华.回应:培养孩子积极的行为习惯[M].北京:中国水利水电出版社,2020.

[12] 王普华,商倩倩.如何给孩子提要求[M].北京:化学工业出版社,2022.